Jörg Scheinfeld

Der Kannibalen-Fall

ARTIBUS INGENUIS J·C·B·M· 1·8·0·1

Jörg Scheinfeld

Der Kannibalen-Fall

Verfassungsrechtliche Einwände gegen die Einstufung als Mord und gegen die Verhängung lebenslanger Freiheitsstrafe

Mohr Siebeck

Jörg Scheinfeld; geboren 1970; Studium der Rechtswissenschaft ab 1995; Staatsexamina 2000 und 2004; Promotion 2005; seit 2000 Wissenschaftlicher Mitarbeiter an der Ruhr-Universität Bochum und dort seit 2004 Wissenschaftlicher Assistent und Habilitand im Strafrecht.

ISBN 978-3-16-150116-6

Die Deutsche Nationalbibliothek verzeichnet diese Publikation in der Deutschen Nationalbibliographie; detaillierte bibliographische Daten sind im Internet über *http://dnb.d-nb.de* abrufbar.

Das Buch wurde von Martin Fischer in Tübingen aus der Minion und der Cronos gesetzt, von Gulde-Druck in Tübingen auf alterungsbeständiges Werkdruckpapier gedruckt und von der Buchbinderei Held in Rottenburg gebunden.

Vorwort

Der 2. *Strafsenat* des Bundesgerichtshofs hatte für den Kannibalen-Fall dem neuen Tatgericht die Richtung gewiesen hin zu einer Verurteilung wegen Mordes und zu lebenslanger Freiheitsstrafe. Deshalb hatte die Fachwelt den so lautenden Schuldspruch der Frankfurter Strafkammer erwartet. Enttäuscht worden ist allerdings die von einigen gehegte weitere Erwartung, das Bundesverfassungsgericht werde das Urteil als grundgesetzwidrig rügen und es aufheben. In dieser kleinen Streitschrift möchte ich nachholen, was das Bundesverfassungsgericht versäumt hat, und also die ungewöhnliche Häufung von Friktionen und Verfassungsverstößen, wie das Urteil des Landgerichts Frankfurt sie meines Erachtens aufweist, in der nötigen Breite offenlegen.

Im Kern beruht die verfassungsrechtliche Problematik des Falles darauf, dass die lebenslange Freiheitsstrafe, als schärfste Sanktion des deutschen Rechts, für die Taten des § 211 StGB ausnahmslos zu verhängen ist. Rechtsprechung und Literatur bemühen sich darum, dem Übermaßverbot gerecht zu werden und die schwersten Tötungstaten (Mord) von den nicht ganz so schweren (einfacher Totschlag) sachgerecht zu unterscheiden. Der jüngst vom Bundesverfassungsgericht entschiedene Kannibalen-Fall gibt Gelegenheit, anschaulich zu verdeutlichen, was Freiheits- und Gleichheitsgrundrecht bei Anwendung der subjektiven Mordmerkmale zu beachten gebieten. Daneben meine ich darlegen zu können, dass die Strafgerichte sich mit der Verneinung einer Tötung auf Verlangen (§ 216 StGB) von der Gesetzesbindung, der sie gemäß Art. 20 Abs. 3, 97 Abs. 1 GG unterliegen, gelöst haben.

Recht herzlich danken möchte ich Herrn Professor *Dr. Wolfgang Mitsch*. Er hatte den Fall als Prozessbevollmächtigter des Beschwerdeführers vor dem Bundesverfassungsgericht vertreten und mir seine Begründung der Verfassungsbeschwerde zur Auswertung überlassen.

Mein Dank gilt weiter dem Mohr Siebeck Verlag, insbesondere Herrn Cheflektor Jura *Dr. Franz-Peter Gillig* und aus der Abteilung »Herstellung« Frau *Tanja Mix*, für die vorzügliche verlegerische Betreuung, ferner Herrn *Martin Fischer* für den Computersatz sowie Frau *Marianne Leyck* für ihr sorgfältiges Korrekturlesen.

Bochum, im April 2009 Jörg Scheinfeld

Inhaltsverzeichnis

I. Einleitung

> Es ist Aufgabe der Justiz, »kühl zu bleiben und zu differenzieren auch da, wo die Menge der Fernsehzuschauer, die Menge der Gedankenlosen heiße Urteile und pauschale Verdammungen verlangt.«
>
> *Peter Noll*

Verfassungsbeschwerden haben ganz überwiegend keinen Erfolg.[1] Bei solchen, die eine Bestrafung als unangemessen hoch rügen, sieht es besonders schlecht aus. Als tat- und schuld*un*angemessen wurde – soweit ersichtlich – noch nie eine Verurteilung vom Bundesverfassungsgericht aufgehoben. Das liegt wohl vor allem an dem rigiden Prüfmaßstab, den sich das Bundesverfassungsgericht auferlegt hat. Es beschränkt sich auf eine Vertretbarkeitskontrolle.[2] Nur wenn ein Richterspruch die Tat- und Schuldangemessenheit offensichtlich verfehlt, wenn die Wirkkraft von Grundrechten oder Verfassungswerten evident verkannt wird, hebt das Bundesverfassungsgericht

---

1 *Benda*, in: Benda / Klein (Hrsg.), Verfassungsprozessrecht, 358, 422; *Sturm*, in: Sachs, Grundgesetz, Art. 93 Rn. 80 mit Fn. 125: lediglich 1,2 bis 1,5 % Erfolgsquote.

2 In BVerfGE 18, 85, 92 f. heißt es: »Allgemein wird sich sagen lassen, daß die normalen Subsumtionsvorgänge innerhalb des einfachen Rechts so lange der Nachprüfung des Bundesverfassungsgerichts entzogen sind, als nicht Auslegungsfehler sichtbar werden, die auf einer grundsätzlich unrichtigen Anschauung von der Bedeutung eines Grundrechts, insbesondere vom Umfang seines Schutzbereichs beruhen und auch in ihrer materiellen Bedeutung für den konkreten Rechtsfall von einigem Gewicht sind. Eine Grundrechtswidrigkeit liegt noch nicht vor, wenn die Anwendung einfachen Rechts durch den hierzu zuständigen Richter zu einem Ergebnis geführt hat, über dessen ›Richtigkeit‹ (in dem allgemeinen Sinne von ›Sachgemäßheit‹ oder ›Billigkeit‹) sich streiten läßt, insbesondere wenn bei einer dem Richter durch gesetzliche Generalklauseln aufgetragenen Abwägung widerstreitender Interessen die von ihm vorgenommene Wertung fragwürdig sein mag, weil sie den Interessen der einen oder anderen Seite zu viel oder zu wenig Gewicht beigelegt hat.« So in der Sache ständige Rechtsprechung; bestätigt im Kannibalen-Fall: BVerfG, Beschl. v. 7.10.2008 – 2 BvR 578/07, Rz. 29, 34 (jetzt abgedruckt in NJW 2009, 1061 ff.).

das Urteil auf. Gerade darauf durfte *A. Meiwes*, der wegen Mordes zu lebenslanger Freiheitsstrafe verurteilte »Kannibale von Rotenburg«, hoffen, denn Stellungnahmen aus der strafrechtlichen Literatur hatten in seinem Fall eine krasse Fehlbeurteilung erkannt. So heißt es, die lebenslange Freiheitsstrafe sei wegen »Unverhältnismäßigkeit sogar verfassungswidrig«[3], sei »in moralischer Hinsicht höchst ungerecht«[4], verfehle eine tat- und schuldangemessene Strafe »grob«[5] und verstoße zudem gegen Art. 3 Abs. 1 GG.[6] Sehr eingehend hatte *Kreuzer* in zwei Beiträgen die Verhängung einer lebenslangen Freiheitsstrafe kritisiert: Das erste Revisionsurteil des Bundesgerichtshofs mute an »wie ein einseitiges staatsanwaltschaftliches Plädoyer, das alles zuungunsten des Angeklagten Sprechende« hervorhebe und »alles in die Gegenrichtung Weisende« übergehe.[7] Und: »Es wäre der erste Fall in der deutschen Strafrechtsgeschichte, daß Mörder sein soll, wer ein Opfer tötet, welches sich seinen Täter zu ebendiesem Ziel selbst gesucht, die Tat gewünscht und sie mit ihm abgestimmt hat.«[8]

Solchen kritischen Äußerungen stehen allerdings ausdrückliche Zustimmungen gegenüber: »Als Fazit bleibt, dass insbesondere das erste Revisionsurteil des Bundesgerichtshofs ein geglücktes und keineswegs selbstverständliches Zusammentreffen von allgemeinem Rechtsgefühl und dogmatisch überzeugender Rechtsanwendung darzustellen scheint.«[9] Ob der Schein trügt, diese Klärung hatten sich die Meinungslager vom Verfassungsgericht erhofft – zum Teil sogar mit der Erwartung, das Bundesverfassungsgericht werde, über die Korrektur der Einzelfallentscheidung hinaus, »zur überfälligen Reform der Tötungsdelikte und der lebenslangen Freiheitsstrafe beitragen«.[10]

3 *Scharnweber*, Kriminalistik 2006, 549, 554.

4 *Mosbacher*, JfRuE 2006, S. 477, 499.

5 *Scheinfeld*, GA 2007, 695, 702 (in Fn. 32).

6 Der Sache nach schon *Kreuzer*, MschrKrim 2005, 412, 420; *Scharnweber*, Kriminalistik 2006, 549, 554; und auch *Scheinfeld*, GA 2007, 695, 702 (in Fn. 32); mit Blick auf die Praxis der Rechsfolgenlösung *Mitsch*, ZIS 2007, 197, 202 rechte Spalte: »Zwei-Klassen-Strafrecht«.

7 MschrKrim 2005, 413, 420 und StV 2007, 598, 602 rechte Spalte.

8 StV 2007, 598, 603 linke Spalte; ähnlich schon in MschrKrim 2005, 413, 420.

9 *Momsen / Jung*, ZIS 2007, 162, 165; dem Ergebnis zustimmend *Otto*, JZ 2005, 799 f.; vgl. auch bei *Fischer*, Strafgesetzbuch, § 216 Rn. 7, § 211 Rn. 9.

10 So der Untertitel des Aufsatzes von *Kreuzer*, StV 2007, 598 ff.

Wer die Stellungnahmen der Literatur zum Tatbestand des Mordes auf sich wirken lässt, gewinnt in der Tat den Eindruck, dass der Gesetzgeber eingreifen und die Regelungen zu den Tötungsdelikten neu gestalten sollte. Die Strafgerichte, so heißt es, seien mit dem Auftrag, eine verhältnismäßige Interpretation und Anwendung des Mordtatbestandes zu gewährleisten, »offensichtlich überfordert«.[11] Mit Bezug auf die Rechtsprechung des Bundesgerichtshofs ist die Rede von »Flickschusterei«[12], »trostloser Misere der Interpretation«[13] und vom »Zickzack-Kurs«[14]. Eine Reform der Tötungsdelikte erscheine »dringlicher denn je«.[15]

Aus Sicht des Dreierausschusses des Bundesverfassungsgerichts (*Broß, Di Fabio, Landau*), der im Kannibalen-Fall entschieden hat, stellt sich die Situation aus verfassungsrechtlicher Sicht nicht so dramatisch dar. Die Verfassungsrichter betonen nämlich, dass das Bundesverfassungsgericht in dem Zeitraum von seiner Lebenslang-Entscheidung[16] bis heute keine Verurteilung wegen Mordes mit

---

11 *Mitsch*, JZ 2008, 336, 337; *ders.*, Begründung der Verfassungsbeschwerde, S. 19.

12 *Heine*, in: Ehrengabe für Anne-Eva Brauneck, S. 315, 319.

13 *Otto*, NStZ 2004, 142, 143

14 *Heine*, GA 2000, 305, 311. Weitere Kritik findet sich beim *Arbeitskreis AE*, Alternativ-Entwurf-Leben (AE-Leben), GA 2008, 193, 194: Mängel der Vorschriften konnten »von der Rechtsprechung bislang nicht befriedigend bereinigt werden«; und bei *Arzt*, in: Arzt / Weber, Strafrecht Besonderer Teil, § 2 Rn. 23: »Kollaps des § 211 unter der Last des case law«; *Eser*, in: Schönke / Schröder, Strafgesetzbuch, § 211 Rn. 32a: das Bemühen des BGH, das Heimtückemerkmal einzuschränken, sei »wieder auf dem Nullpunkt gelandet«; *Mitsch*, JZ 2008, 336, 337 rechte Spalte: »die Rechtsprechung zu § 211 befindet sich auf einer Rutschbahn in immer tiefere Konfusion«; jüngst auch *Köhne*, ZRP 2007, 165: »Problematisch erscheinen vor allem das Verhältnis von §§ 211 zu 212 StGB zueinander, die Abgrenzung durch die Mordmerkmale (§ 211 StGB) sowie die absolute Androhung lebenslanger Freiheitsstrafe für Mord, die nicht selten zu ›Umgehungsversuchen‹ durch Gerichte geführt hat.«

15 *Fischer*, Strafgesetzbuch, § 211 Rn. 22g; ähnlich *Eser*, in: Schönke / Schröder, Strafgesetzbuch, § 211 Rn. 10b; *Hans-Joachim Hirsch*, in: Festschrift für Tröndle, S. 20, 29; *Küpper*, in: Festschrift für Kriele, S. 777 ff.; *Neumann*, in: NK-StGB, § 211 Rn. 1; *Otto*, Jura 2003, 612; *Rengier*, NStZ 2004, 233, 240: »Am Ende sei wieder einmal die Reform der Tötungsdelikte angemahnt«; *Hartmut Schneider*, in: MüKo-StGB, § 211 Rn. 47: »Es wäre wünschenswert, wenn sich der Gesetzgeber endlich […] aufraffen könnte […]«; vgl. auch *Schöch*, in: Tötungsdelikte, S. 71 ff.

16 BVerfGE 45, 187 ff.

Verhängung einer lebenslangen Freiheitsstrafe wegen Unverhältnismäßigkeit aufgehoben habe.[17] Dass dieser Hinweis nicht überzeugt, sondern dass es sich argumentativ um einen Zirkelschluss handelt und dass er sich am Ende sogar gegen das Bundesverfassungsgericht wendet, werde ich im Folgenden darlegen.

---

17 2 BvR 578/07, Rz. 21.

II. Der Kannibalen-Fall vor dem Bundesverfassungsgericht

1. Der Sachverhalt

Nach den Feststellungen des Landgerichts Frankfurt am Main[18] stellt sich der bizarre Sachverhalt wie folgt dar:[19]

Der Angeklagte *Armin Meiwes* wurde 1961 in Essen geboren und wuchs dort auf. Ab 1966 verbrachte die Familie die Ferien auf ihrem Gutshof im hessischen Wüstefeld. Dort nahm *Meiwes* während seiner Aufenthalte an von Nachbarn durchgeführten Nutztierschlachtungen teil. An diesen Schlachtungen faszinierte den Angeklagten insbesondere das Ausweiden sowie das anschließende Vor- und Zubereiten des Fleisches der geschlachteten Tiere. Im Jahre 1970 verließen kurz hintereinander zunächst der Halbbruder des Angeklagten, zu dem er einen guten und engen Kontakt hatte, und sodann der Vater des Angeklagten die Familie. Die Gründe für den Weggang des Vaters wurden dem Angeklagten verschwiegen. Geprägt durch das Fehlen einer männlichen Bezugsperson sowie auf Grund des mit der Trennung von Vater und Bruder verbundenen Schmerzes und der fehlenden Nähe der dominanten Mutter kreierte sich der Angeklagte eine Bezugsperson in seiner Fantasie, einen imaginären jüngeren Bruder, den er FRANKY nannte. Mit dieser imaginären Person besprach der Angeklagte in der Folge seine Probleme und Nöte. Geprägt durch seine Trennungserlebnisse einerseits und die erlebten Schlachtungen andererseits entstand in ihm der Wunsch, sich diese Fantasieperson einzuverleiben, um sie fortan immer bei

---

18 Im Folgenden ist mit »Landgericht Frankfurt« auch ohne den Zusatz »am Main« jeweils das hessische Gericht gemeint.

19 Schilderung des Sachverhalts auch in BGHSt 50, 80 ff. (= JZ 2005, 795 f.) und bei *Kreuzer*, StV 2007, 598 f. sowie aus Sicht des Täters in dem Buch von *Stampf*, Interview mit einem Kannibalen; mit sexualwissenschaftlicher Interpretation bei *Beier*, Sexueller Kannibalismus, S. 83 ff. (*Beier* war forensisch-sexualmedizinischer Sachverständiger in beiden gegen *Meiwes* geführten tatgerichtlichen Prozessen).

sich zu haben.[20] Mit Beginn der Pubertät erhielten diese Schlachtfantasien zusätzlich eine sexuelle Komponente. *Meiwes* benutzte die Vorstellung der Schlachtung nunmehr zur sexuellen Lusterregung und Befriedigung.

Ab 1994 pflegte er seine kranke Mutter bis zu deren Tod Anfang 1999. In dieser Zeit verbrachte er viel Zeit vor dem Fernseher und dem Computer und entwickelte sich zum Einzelgänger. Ende 1999 stieß er im Internet auf Foren zum Thema Kannibalismus. Er tauschte mit Internetpartnern Fotos von angeblichen Schlachtopfern und anatomische Grafiken des menschlichen Körpers aus, um sich mit deren Hilfe sexuell zu stimulieren und selbst zu befriedigen.

Obwohl er sexuell eher auf Männer ausgerichtet war, unternahm er bis zum Jahr 2000 Versuche, eine Beziehung zu einer Frau aufzubauen und eine Familie zu gründen. Diese Versuche scheiterten aber. Parallel zu seinen Bemühungen um eine Familiengründung veröffentlichte *Meiwes* seine erste Kontaktanzeige im Internet, in der er gezielt ein reales Opfer für eine Tötung, Schlachtung und Verspeisung suchte. Aufgrund eines ersten E-Mail-Kontaktes richtete er auf seinem Gutshof in Wüstefeld einen »Schlachtraum« ein. Weil das Treffen mit dem Internetpartner aber scheiterte, schaltete er weitere Kontaktanzeigen und eröffnete im August des Jahres 2000 eine eigene Newsgroup, die er »Kannibalen« nannte und die er als Leiter der Gruppe moderierte. Auf diesen Wegen kam er mit fast 400 Personen in Kontakt. Ca. 60 Personen boten sich als Schlachtopfer an, 7 Personen wollten aktiv oder passiv an einer Schlachtung teilnehmen, weitere 10 Personen gaben an, schon selbst eine Schlachtung durchgeführt zu haben oder dies zu planen. Mit einigen Männern hatte *Meiwes* lang andauernden und intensiven Kontakt. Mit diesen kam es zumeist zu Rollenspielen (»Schlachtreifeprüfungen«), wobei *Meiwes* die Körperteile des Partners mit Buntstiften abgrenzte und die so unterschiedenen Körperpartien manchmal mit Nadeln bespickte, auf

---

20 *Beier* führt in seiner Schrift zu *Meiwes* [= FRANKY] aus: »etwa in dieser Zeit hat er seiner Schilderung nach einen ›Robinson Crusoe-Film‹ gesehen. In diesem habe der Kannibale ›Freitag‹ einen getöteten Stammesangehörigen verspeisen wollen, wovon ihn Robinson Crusoe abgehalten hätte. Für ihn, FRANKY, sei jedoch der Impuls des ›Freitag‹ plausibel gewesen: Der andere gehe dann nicht verloren, sondern bleibe in dem, der ihn verzerrt hat – sie bildeten eine Gemeinschaft« (Sexueller Kannibalismus, S. 116).

denen die Verwendungsmöglichkeit stand (etwa Schinken, Schnitzel, Filet etc.).

Zum Kontakt mit dem späteren Opfer (*B.*) kam es aufgrund dessen Kontaktanzeige, die er unter dem Namen CATOR im Internet schaltete: »Ich biete an, mich von Euch bei lebendigem Leib verspeisen zu lassen. Keine Schlachtung, sondern Verspeisung! Also, wer es *wirklich* tun will, der braucht ein *echtes Opfer*!«[21] *Meiwes* meldete sich unter dem Namen FRANKY auf diese Anzeige. Per umfangreichen E-Mail-Verkehrs vereinbarten beide, dass *Meiwes* dem *B.*, ggf. nach vorherigen sexuellen Kontakten, den Penis abbeißen solle. Anschließend stehe *B.* dem Angeklagten dann für eine Schlachtung und Verspeisung zur Verfügung.

Am 09.03.2001 reist *B.* zu *Meiwes* nach Wüstefeld. Dort kam es zwischen dem Angeklagten und *B.* zu einer sexuellen Annäherung, die *Meiwes* auf Video aufnahm. *B.*, der von dem Angeklagten nach wie vor das Abbeißen seines Penis erhoffte, war hierbei jedoch enttäuscht über das für ihn zu zögerliche Vorgehen des *Meiwes*, den das Abbeißen des Penis nicht sexuell stimulierte und der auf Grund seiner großen Aufregung auch nicht erektionsfähig war. *B.* beschloss daher, sein Vorhaben abzubrechen und ließ sich von *Meiwes* zum Bahnhof fahren und kaufte eine Rückfahrkarte. *Meiwes* bat den *B.*, seinen Rückfahrtwunsch zu überdenken. Möglicherweise aufgrund dieses Drängens des *Meiwes*, möglicherweise aber auch aus anderen Motiven entschloss sich *B.*, sein Vorhaben mit dem Angeklagten doch durchzuführen. *B.* nahm 10 Schlaftabletten und trank eine Flasche Wick MediNait, beides hatte er am Bahnhof gekauft und beides zeigte wegen seiner Erregtheit keine Wirkung.

Zurück auf dem Gutshof begaben sich beide in den »Schlachtraum«. Nach einem kurzen Liebesspiel forderte *B.*, *Meiwes* möge ihm jetzt den Penis abschneiden, um ihn gemeinsam mit ihm zu verzehren. *Meiwes* führte das, nach Installation seiner Videokamera, widerwillig aus und hatte beim zweiten Versuch Erfolg. Der unmittelbar bei *B.* einsetzende Vernichtungsschmerz ließ es ihm schwarz vor Augen werden, doch ließ der Schmerz schon nach etwa einer Minute

21 Mit den Hervorhebungen so wiedergegeben von *Scharnweber*, Kriminalistik 2006, 549, 553 f.; das Landgericht Frankfurt gibt den Text in den Feststellungen des Urteils nur gekürzt wieder (S. 12).

deutlich nach, worüber *B.* sich selber wunderte. *B.*, der sich von der Penisamputation zuvor ein sexuelles Hochgefühl versprochen hatte, war über den Effekt sehr enttäuscht. *Meiwes* verband sodann notdürftig und unzureichend die Wunde. Versuche des *B.*, den abgetrennten Penis roh und später gebraten zu verspeisen, scheiterten an der Konsistenz des Fleisches. In den folgenden Stunden wollte *B.* allein sein, und er legte sich zunächst auf ein Bett und später in ein von *Meiwes* vorbereitetes warmes Bad. Einen Notarzt herbeizurufen, untersagte er *Meiwes*. Der schaute von Zeit zu Zeit nach *B.* Gegen 23 Uhr stieg *B.* dann aus der Badewanne, wurde dabei ohnmächtig und brach zusammen. *Meiwes* brachte ihn wieder zu Bewusstsein, und *B.* äußerte die Hoffnung, bis morgens durchzuhalten und sagte zu *Meiwes*: »wenn nicht, dann stichst Du mich ab!«

Als *B.* in der Nacht zum zweiten Mal bewusstlos wurde, bereitete *Meiwes* in seinem »Schlachtraum« die Tötung vor. Er legte den immer noch bewusstlosen *B.* auf eine »Schlachtbank« und installierte eine Videokamera, die das folgende Geschehen aufzeichnete. Das Aufgenommene wollte er später ausgesuchten Internetbekanntschaften zeigen und es sich beim Onanieren ansehen. Nach einigem Zögern versetzte er schließlich dem Opfer, wiederum widerwillig, zwei tödliche Halsstiche. Während des Zustechens war er nicht sexuell erregt. Überhaupt wäre es ihm lieber gewesen, *B.* hätte sich selber getötet. Die »handlungsleitenden Motive« des *Meiwes* beim Halsstich waren sein Verlangen nach der Schlachtung und Einverleibung eines anderen Mannes. Hierbei diente ihm die Einverleibung des Schlachtopfers dazu, sich das Opfer auf Dauer einzuverleiben und an sich zu binden, was auf das gestörte Bindungserleben des *Meiwes* zurückzuführen ist. *Meiwes* tötete aber auch, um ein absolutes Machtgefühl über die getötete Person zu haben.

Ohne die Stiche durch den Hals und ohne ärztliche Versorgung wäre *B.* auch, aber zu einem späteren Zeitpunkt, in Folge des aus der Penisamputation resultierenden Blutverlustes verstorben. Im Anschluss an die tödlichen Stiche zerlegte *Meiwes* den Leichnam gemäß einer Schlachtanleitung, die er im Internet gefunden hatte. Sein Tun kommentierte er in teils anerkennender, teils herabsetzender Art und Weise, insbesondere über die Qualität des Fleisches. Das durch die Schlachtung gewonnene Fleisch fror er ein. Auch den Kopf des *B.* fror er ein, um ihn jederzeit, insbesondere jedoch vor dem Verzehr von Fleisch des *B.* anfassen und streicheln zu können und so seine Erinnerung an die Tat aufzufrischen. Am 12.3.2001 nahm *Meiwes* das erste Mal gebratenes Fleisch vom Körper des *B.* zu sich – und schaffte sich dafür einen festlichen Rahmen mit Rotwein und Kerzenleuchter.

In der Zeit nach der Tat hatte *Meiwes* weitere junge Männer buchstäblich am Haken, nämlich zur Schlachtung bereit in seinem Schlachtraum aufgehängt (oder gefesselt vor sich liegen). Diese waren indes nur an einem Rollenspiel interessiert und geboten *Meiwes* Einhalt. Der tat jeweils wie ihm geheißen und ließ von seinem Vorhaben ab.

2. Der Verfahrensgang

Meiwes war zunächst vom Landgericht Kassel wegen einfachen Totschlags zu einer Freiheitsstrafe von acht Jahren und sechs Monaten verurteilt worden.[22] Auf die Revision der Staatsanwaltschaft hat der 2. *Strafsenat* des Bundesgerichtshofs das Urteil mit den Feststellungen aufgehoben und an das Landgericht Frankfurt zur neuen Verhandlung und Entscheidung verwiesen.[23] Dort ist *Meiwes* dann wegen Mordes zu einer lebenslangen Freiheitsstrafe verurteilt worden.[24] Seine dagegen eingelegte Revision ist erwartungsgemäß ohne Erfolg geblieben,[25] sodass *Meiwes* schließlich Verfassungsbeschwerde einlegte und mit ihr vor dem Bundesverfassungsgericht scheiterte – die 2. *Kammer des Zweiten Senats* hat sie nicht zur Entscheidung angenommen.[26]

22 Eine ausführliche Schilderung des Verfahrensgangs bietet *Kreuzer*, StV 2007, 598 ff.

23 BGHSt 50, 80 ff.

24 5/21 Ks 3550 Js 220983/05 (04/2005).

25 Vgl. BGH, Beschl. v. 7.2.2007 – 2 StR 518/06.

26 BVerfG, Beschl. v. 7.10.2008 – 2 BvR 587/07.

III. Tötung auf Verlangen (§§ 216 Abs. 1, 16 Abs. 2 StGB) – ist die Verneinung vertretbar?

1. Bundesgerichtshof und Landgericht Frankfurt: Kein »Bestimmt-worden-Sein«

Alle mit dem Kannibalen-Fall betrauten Strafgerichte verneinen eine Tötung auf Verlangen (§ 216 Abs. 1 StGB). Der Gesetzgeber hat in dieser Norm die Festlegung getroffen: »Ist jemand durch das ausdrückliche und ernstliche Verlangen des Getöteten zur Tötung bestimmt worden, so ist auf Freiheitsstrafe von sechs Monaten bis zu fünf Jahren zu erkennen.« Nach Ansicht des 2. *Strafsenats* des Bundesgerichtshofs ist diese Rechtsnorm im Fall *Meiwes* jedenfalls deshalb nicht anwendbar, »weil das Verlangen des Opfers bereits für den Angeklagten nicht handlungsleitend« gewesen sei.[27] Denn »handlungsleitend« sei ein Motiv nur dann, wenn es als »bewusstseinsdominant« oder »*entscheidender* Tatantrieb« einzustufen sei.[28] Weil der Fall so nicht liege, denn *Meiwes* sei es »allein auf das formale Einverständnis des Opfers« angekommen, sei er nicht vom Sterbeverlangen des Opfers »bestimmt« worden.[29]

---

27 BGHSt 50, 80, 91f.

28 Das meint der *Strafsenat* mit »handlungsleitend«, vgl. *Scheinfeld*, GA 2007, 695, 697. – Ähnlich sieht es die h. M. in der Literatur: *Gössel / Dölling*, Strafrecht Besonderer Teil 1, § 6 Rn. 9; *Horn*, in: SK-StGB, § 216 (Stand: 2000) Rn. 5; *Jähnke*, in: LK-StGB, § 216 (Stand: 2001) Rn. 8; *Eser*, in: Schönke / Schröder, Strafgesetzbuch, § 216 Rn. 9; *Kindhäuser*, Strafrecht Besonderer Teil I, § 3 Rn. 12; *Kühl*, in: Lackner / Kühl, Strafgesetzbuch, § 216 Rn. 2; *Hartmut Schneider*, in: MüKo-StGB, Band 3, § 216 Rn. 26; *Wessels / Hettinger*, Strafrecht Besonderer Teil 1, Rn. 158.

29 In der 1. Revisionsentscheidung (BGHSt 50, 80ff.) ist die Ableitung des Ergebnisses freilich widersprüchlich. Dort heißt es, bezogen auf Handlungsleitung und Sterbeverlangen: »Es muss dadurch im Täter der Entschluss zur Tat hervorgerufen werden.« Das aber ist im Fall *Meiwes* zu bejahen. Denn ohne das Sterbeverlangen des *B.* hätte er sich nicht dazu entschlossen, die Tat zu begehen, also den *B.* zu töten. *Meiwes* wollte mit einem jungen Mann verschmelzen, der das selber auch wollte. Es kam ihm also gerade auf das Sterbeverlangen an. Was auch der Umstand belegt, dass er den Wünschen der anderen, sterbe*un*willigen

Dem folgt mit einer kleinen Akzentverschiebung das Landgericht Frankfurt, und es formuliert:

Voraussetzung der Privilegierung »wäre, dass der Täter aus seiner Sicht tötet, weil der Getötete dies will. Die Erfüllung des Tötungswunsches des Getöteten muss also für den Täter der einzige, zumindest aber der Hauptmotivationsgrund für die Tat sein, da nicht der Wille des Opfers, sondern wie § 216 StGB durch die Voraussetzung, dass der Täter durch das Verlangen zu seiner Tat bestimmt worden sein muss, klarstellt, die Motivation des Täters für die Privilegierung des Tatbestandes notwendig ist. Dies war jedoch bei dem Angeklagten nicht der Fall. Für ihn war zwar die Einwilligung des Opfers in seine Tötung eine Bedingung für diese, jedoch nicht der Motivationsgrund, da er *B.* tötete, um ihn zu schlachten und hiermit an seinen Fetisch Männerfleisch zu kommen.«[30]

Hätten die Gerichte das Bestimmt-worden-Sein bejaht, wäre die Anwendung des § 216 Abs. 1 StGB mit dessen milderem Strafrahmen von »sechs Monaten bis zu fünf Jahren Freiheitsstrafe« zwingend gewesen. Das erste Tatgericht hatte zwar in objektiver Hinsicht die Ernstlichkeit des Verlangens verneint, weil beim Opfer eine Extremform des sexuellen Masochismus vorgelegen habe; doch habe *Meiwes* »nach den gutachterlichen Feststellungen [...] von einer freien Entscheidung des *B.* ausgehen dürfen«.[31] Auf dieser Basis führt dann § 16 Abs. 2 StGB zum Strafrahmen des § 216 Abs. 1 StGB.[32]

Männern entsprochen und sie freigelassen hat (näher zum Ganzen *Kudlich*, JR 2005, 342, 343; *Scheinfeld*, GA 2007, 695, 697ff.).

30 Urteil des LG Frankfurt, S. 47 (rechtliche Würdigung); der Dreierausschuss des BVerfG gibt diese Passage mit den Worten wieder: »Die Einwilligung des Opfers« sei für *Meiwes* »zwar Voraussetzung, nicht aber Motivationsgrund gewesen« (2 BvR 578/07, Rz. 9).

31 Vgl. zu dieser Feststellung des LG Kassel bei *Kreuzer*, StV 2007, 598, 604 linke Spalte oben: »Dies [...] wurde von keiner nachfolgenden Gerichtsentscheidung in Zweifel gezogen.« Der Gutachter *Beier* schreibt zu dem Fall: »Franky wusste, was er tat, und auch Cator wusste es – der Tabubruch erfolgte einverständlich und nach vorheriger Absprache« (Sexueller Kannibalismus, S. 3). Und: »Franky seinerseits hatte aufgrund des Verhaltens und der Einlassungen von Cator keinen Anlass, an dessen Einwilligungs- und Steuerungsfähigkeit zu zweifeln« (S. 305). Und: »Gerade in Kenntnis seiner paraphilen Struktur war aus forensisch-sexualmedizinischer Sicht davon auszugehen, dass Cator die Penisabtrennung und – als für ihn unvermeidbare Folge der Realisierung seiner masochistischen Neigung – den eigenen Tod und die Schlachtung ernstlich und willentlich angestrebt bzw. in Kauf genommen hat [...]. Es war daher sowohl bei

Der verfassungsrichterliche Dreierausschuss, *Broß, Di Fabio, Landau*, lässt die Verneinung des Bestimmt-worden-Seins mit der folgenden Begründung gelten: Die »Auslegung des § 216 StGB, nach der nur derjenige zur Tötung bestimmt wird, bei dem das Verlangen handlungsleitend geworden ist, ist von Verfassungs wegen nicht zu beanstanden, weil in dieser – wortlautkonformen – Auslegung keine unverhältnismäßige Einschränkung des Privilegierungstatbestandes liegt«.[33]

2. Bestimmtheitsgrundsatz, Einschätzungsvorrang des Gesetzgebers

Inwieweit strafrechtliches Sanktionieren eines Verhaltens »erforderlich« ist, das fällt bekanntermaßen in die Einschätzungsprärogative des Gesetzgebers. Die Verfassungsrichter *Broß*, *Di Fabio* und *Landau* drücken das in einem anderen aktuellen Beschluss so aus:

> »Der Gesetzgeber hat [...] zu entscheiden, ob und in welchem Umfang er ein bestimmtes Rechtsgut [...] mit den Mitteln des Strafrechts verteidigen will. Den Gerichten ist es verwehrt, seine Entscheidung zu korrigieren.«[34]

Der Beschluss ist für unsere Betrachtungen auch im Übrigen von Interesse, weil er mit Blick auf die Beachtung des Analogieverbots bestimmte methodische Aussagen trifft, die im Fall *Meiwes* relevant werden und einen Verfassungsverstoß ergeben (Art. 103 Abs. 2 GG). Es ging um die Auslegungsfrage, ob der Täter eines »Widerstands gegen Vollstreckungsbeamte«, wenn er einen Pkw gefährlich einsetzt, strafschärfend »eine *Waffe* bei sich führt« (§ 113 Abs. 3 StGB). Das verneint der Dreierausschuss, weil zum einen allgemeiner wie

---

Cator als auch bei Franky von einer zivil- und strafrechtlich nicht erheblich gestörten Willensbetätigung auszugehen« (ebenda, S. 313 f.). Und: »Hinsichtlich der Beweggründe von Franky ist hervorzuheben, dass er ein positives und tiefgehendes Beziehungsverhältnis zu Cator anstrebte. Er wollte ja gerade sicherstellen, dass dieser absolut freiwillig der Einverleibung zustimmt« (S. 319).

32 § 16 Abs. 2 StGB lautet: »Wer bei Begehung der Tat irrig Umstände annimmt, welche den Tatbestand eines milderen Gesetzes verwirklichen würden, kann wegen vorsätzlicher Begehung nur nach dem milderen Gesetz bestraft werden.«

33 2 BvR 587/07, Rz. 27.

34 Beschluss v. 1.9.2008 – 2 BvR 2238/07, Rz. 13.

juristischer Sprachgebrauch unter »Waffe« in erster Linie Gegenstände verstünden, deren *Zweckbestimmung* es schon bei ihrer Herstellung sei, als Angriffs- oder Verteidigungsmittel eingesetzt zu werden, und weil es zum andern keine greifbaren Anhaltspunkte dafür gebe, dass der Gesetzgeber den Ausdruck »Waffe« in einem weiteren Sinne verwende.[35] Bedeutsam ist für unsere Überlegungen nun, dass die Verfassungsrichter die Frage der gesetzlichen Bestimmtheit offensichtlich auch von einer historischen Auslegung abhängig machen. Denn sonst wäre nicht erklärlich, warum es, nach Feststellung der allgemein- und fachsprachlichen Bedeutung, noch ankommen soll auf die Diskussion im Sonderausschuss für die Strafrechtsreform, der die Verfassungsrichter nachspüren.[36] Käme es nur auf den Wortlaut an, hätten sich die Verfassungsrichter auf Ausführungen dazu beschränken dürfen. So aber zeichnet sich mit Blick auf das Analogieverbot und den Prüfumfang des Bundesverfassungsgerichts das folgende Bild: Es wäre sicher noch wortlautkonform gewesen, den Pkw als »Waffe« einzustufen. Die Zweckentfremdung, die der Täter vornahm, sperrt die Verwendung des Ausdrucks nicht. Denn alltagssprachlich werden auch vom Zweck her harmlose oder gar zweckfreie Gegenstände »Waffe« genannt: Die Demonstranten waren »mit Steinen bewaffnet«[37] oder »mit Stöcken bewaffnet«[38] und der Täter hat sich mit einer »Fahrradkette«[39] oder »mit einem Fleischklopfer bewaffnet«[40] – das sind ganz

---

35 Ebenda Rz. 17 bzw. 18 ff.

36 Ebenda Rz. 26. – Ausgangspunkt des Dreierausschusses ist allerdings der herrschende, wonach allein der mögliche Wortsinn eine Grenze für die richterliche Rechtsanwendung zieht (vgl. nur BVerfGE 14, 174, 185 ff.; 105, 135, 152 ff.; 109, 133, 167 ff.; *Degenhart*, in: Sachs, Grundgesetz, Art. 103 Rn. 69; *Roxin*, Strafrecht Allgemeiner Teil, Band I, § 5 Rn. 26 ff.; *Pieroth*, in: Jarass / Pieroth Grundgesetz, Art. 103 Rn. 47; *Schulze-Fielitz*, in: *Dreier*, Grundgesetz, Band III, Art. 103 Rn. 46). Von diesem Ansatz her lässt sich aber nicht erklären, warum die Verfassungsrichter noch eine historische Auslegung vornehmen. Was immer der Gesetzgeber gemeint haben sollte, das ist nach h. M. irrelevant, wenn der mögliche Wortsinn diesen Sinn nicht abdeckt.

37 Berliner Morgenpost vom 3. Dezember 2008.

38 Hamburger Abendblatt vom 24. November 2008.

39 *Seier*, JA 1999, 666, 669, der diese Redewendung dem »Volksmund«, also dem Alltagssprachgebrauch zuweist.

40 *LG Kleve*, Urteil v. 22.7.2004 – 140 Ks1/04 LG, bei www.juris.de, Rz. 35.

gängige Formulierungen.[41] Den noch möglichen Wortsinn hatten die Instanzgerichte also nicht überschritten.[42] Gleichwohl zwingt das Analogieverbot zu einer einschränkenden Auslegung. Stark vereinfacht lässt sich der Grund dann wohl so ausdrücken: Der Gesetzgeber habe sich, wie den Gesetzesmaterialien zu entnehmen sei, bewusst für die Begrenzung auf »Waffen« im engeren Sinne und gegen eine Erweiterung auf »gefährliche Werkzeuge« entschieden.[43] Und an diese gesetzgeberische Entscheidung seien auch die Fachgerichte gebunden, denn der Gesetzgeber habe seinem Willen im

---

41 Auch zitiert der Beschluss die Definition aus »Das große Wörterbuch der deutschen Sprache« (Duden, Band 10, S. 4401): »Gerät, Instrument, Vorrichtung als Mittel zum Angriff auf einen Gegner oder zur Verteidigung (z. B. Hieb- oder Stichwaffe, Feuerwaffe)«. Und ein solches Mittel war der Pkw, er diente als »Mittel zum Angriff auf einen Gegner«. Nirgends steht im Duden, dass diese Zweckbestimmung schon bei Herstellung der Waffe vorhanden sein muss.

42 *Simon*, NStZ 2009, 84, 85.

43 Vgl. ebenda Rz. 26; anders *Simon*, NStZ 2009, 84, 85: Der Waffenbegriff sei seinerzeit uneinheitlich gewesen und der Sonderausschuss hätte das Problem gesehen, von einer Klarstellung sei abgesehen und die Klärung der Rechtsprechung überlassen worden. – Das mag stimmen, und sowohl Sprachgebrauch als auch der Gesetzgeberwille mögen für das Merkmal »Waffe« in § 113 Abs. 3 StGB unklar sein. Mir geht es aber nur um die Methode: Wenn Sprachgebrauch und / oder Gesetzgeberwille eindeutig sind, ist das darin zum Ausdruck kommende Verständnis »gesetzlich bestimmt«. So glaube ich übrigens auch *Simon* verstehen zu dürfen: »Richtigerweise ist der Inhalt des Analogieverbots [...] dahingehend klarzustellen, dass der Bürger bei fachsprachlich geprägten Begriffen einen Anspruch darauf hat, dass von einem eindeutigen juristischen Begriffsinhalt nicht zu seinen Lasten abgewichen werden darf« (a. a. O.). – Die hier bevorzugte Deutung des Art. 103 Abs. 2 GG lässt sich mit einer systematisch-teleologischen Auslegung untermauern. Die Verfassungsnorm schützt nämlich nicht nur das Bürgervertrauen, sondern ist darüber hinaus bestrebt, (auch richterliche) Willkür zu verhindern. Am eingängigsten findet sich diese These bei *Hardtung* begründet: »Sollte diese Verfassungsnorm *nur* das Bürgervertrauen schützen, wäre nicht verständlich, warum dort eine *gesetzliche* Bestimmtheit verlangt wird. Denn auch gerichtliche Entscheidungen können dem Bürger klar machen, dass ein Verhalten, das er erwägt, bestraft würde. Wenn also der Verfassungsgeber nicht nur eine vorherige Bestimmtheit der Strafbarkeit, sondern gerade eine gesetzliche verlangt, dann gibt es dafür keine bessere Erklärung als die, dass es dem Verfassungsgeber auch darum ging, den Richter stärker an die Vorgaben der Legislative und den Gesetzgeber an sein eigenes Wort zu binden, also: dass es dem Verfassungsgeber um Gesetzlichkeit und damit (jedenfalls der Idee nach) um mehr Objektivität und weniger Willkür ging« (Versuch und Rücktritt bei den Teilvorsatzdelikten des § 11 Abs. 2 StGB, S. 237 – Hervorhebungen im Original).

Gesetz Ausdruck verliehen, indem er das im Begriffskern eng zu verstehende Waffen-Merkmal gebrauche.[44]

Dass die Methode der Verfassungsrichter korrekt ist, lässt vielleicht ein Beispiel stärker hervortreten, für das sich die Annahme einer Rechtsbeugung aufdrängt: Angenommen, der Gesetzgeber ergänzt in deutlicher Übertrumpfung des von Art. 46 GG gewährten Schutzes den jetzigen § 193 StGB, indem er unwiderlegbar fingiert: »Äußerungen von Parlamentariern gelten ausnahmslos als Wahrnehmung berechtigter Interessen.« In den Gesetzesmaterialien sei klar ausgewiesen, dass zu den »Parlamentariern« im Sinn der Vorschrift auch *Stadträte* gehören. Der Gesetzgeber verkenne zwar nicht, dass Stadträte nicht zur Legislative, sondern zur Exekutive zu rechnen seien, gleichwohl wolle er vom üblichen Sprachgebrauch abweichen und einen einzigen prägnanten Begriff verwenden. Käme es nun für das Analogieverbot und die Gesetzesbindung der Fachgerichte allein auf die Grenze des möglichen Wortsinns an, dürften die Strafgerichte ein Verfahren gegen einen Stadtrat wegen verleumderischer Beleidigung eröffnen und ihn am Ende verurteilen, denn sie könnten den Stadtrat – in wortlautkonformer Deutung und also sprachlich plausibel – aus dem Kreis der von § 193 n. F. StGB privilegierten »Parlamentarier« exkludieren. Es sollte nicht zweifelhaft sein, dass dieses Vorgehen in Verbindung mit der Verhängung einer Freiheitsstrafe Art. 2 Abs. 2 S. 2 GG verletzen würde und dass das Bundesverfassungsgericht das Strafurteil aufheben müsste.

Nichts anderes kann dann im Fall *Meiwes* gelten. »Der Gesetzgeber« hat die Fälle des Motivbündels bedacht, dabei das Kriterium des »handlungsleitenden Motivs« erwogen, es aber überzeugend als unbrauchbar verworfen. *Lackner* führte dazu in der Großen Strafrechtskommission aus:

---

44 Ganz ähnlich drückt die *3. Kammer des Zweiten Senats* dies in einem Beschluss zu § 121 StPO aus, um aufzuzeigen, dass die Schwere der Tat bei der Haftfortdauerentscheidung keine Rolle spielt: »Dies findet im Wortlaut der Norm seinen unmittelbaren Niederschlag und wird von der Entstehungsgeschichte des § 121 Abs. 1 StPO bestätigt. Der Gesetzgeber hat in dieser Vorschrift die Abwägung zwischen den Interessen des Staates an einer geordneten Strafverfolgung und dem Freiheitsrecht des Verhafteten selbst und abschließend vorgenommen. Bei dieser klaren Gesetzeslage ist eine Korrektur durch die Rechtsprechung unzulässig« (vgl. hierzu näher Beschluss der *3. Kammer des Zweiten Senats* des Bundesverfassungsgerichts vom 20. Oktober 2006 – 2 BvR 1742/06 u. a., Abs.-Nr. 45 m. w. N.).

»Wenn […] ein Verlangen vorliegt, dann scheint es mir äußerst problematisch, nunmehr die beim Täter vorhandenen Motive gewissermaßen zu sortieren, um festzustellen, welches Motiv für ihn das tragende gewesen ist, welche Motive sonst noch eine Rolle spielten und ob das Verlangen auch wirklich das ausschlaggebende Motiv gewesen ist. Meines Erachtens liegt in den Fällen, in denen mehrere Motive von Bedeutung sind, ein unentwirrbares Motivbündel vor; dabei kann als Motiv sicherlich z.B. auch der Gedanke eine Rolle spielen, daß der Täter das Opfer beerben wird. Aber wir würden den Richter überfordern, wenn wir von ihm die Feststellung verlangten, welches Motiv nun im Einzelfall überwogen hat. Meines Erachtens könnte diese Feststellung oft nicht einmal der Täter bei sich selbst treffen«.[45]

Diese Sicht der Dinge hat sich in der Großen Strafrechtskommission durchgesetzt, sie ist in der Entwurfsbegründung explizit geworden und niemand hat ihr im weiteren Gesetzgebungsverfahren widersprochen. Im Entwurf eines Strafgesetzbuchs von 1962 heißt es zum Bestimmt-worden-Sein:

»Sind andere Beweggründe [als das Sterbeverlangen, J.S.] mit im Spiel, so muß das Verlangen der ausschlaggebende Beweggrund in dem Sinn sein, daß der Täter ohne Verlangen nicht zur Tötung geschritten wäre.«[46]

---

45 S. in den Niederschriften über die Sitzungen der Großen Strafrechtskommission, Bd. 7, S. 85. – Zu dem Umstand, dass vielfach nicht einmal der Täter wird verlässlich Auskunft geben können, bemerkt der Philosoph *Thomas Splett*: »Oftmals nennt ein Handelnder eher das, was er gern als stärkstes Motiv hätte, nicht das, was wirklich sein stärkstes Motiv war.« Oder wie *Nietzsche* es ausdrückt: »›Das habe ich getan‹, sagt mein Gedächtnis. ›Das kann ich nicht getan haben‹ – sagt mein Stolz. Endlich – gibt das Gedächtnis nach« (Jenseits von Gut und Böse, 1930, S. 78). Auch *Bernsmann* kritisiert, dass »ein für die Handlung notwendiges Motiv forensisch-psychologisch […] kaum exakt quantifiziert werden kann und hier Zufälligkeiten nicht nur der Tätereinlassung Tür und Tor geöffnet sind« (JZ 1983, 45, 52); ähnlich *Jähnke*, in: LK-StGB, Vor § 211 (Stand: 2001) Rn. 37 a.E.: »eine Abwägung nach dem vorherrschenden Motiv bleibt unsicher«.

46 E 1962, S. 275. Es ist klar, dass man die Entwurfsverfasser nicht kurzschlüssig mit dem *Gesetzgeber* gleichsetzen darf. Dennoch ist die täterfreundliche Sicht die des *Gesetzgebers*. Im Sonderausschuss für die Strafrechtsreform wurde die Tötung auf Verlangen nicht mehr besprochen (vgl. bei *Große-Vehne*, Tötung auf Verlangen [§ 216 StGB], ›Euthanasie‹ und Sterbehilfe, 2005, S. 177). Und wenn das Parlament die Entwurfsfassung – in einer nur sprachlich veränderten, sachlich-inhaltlich aber identischen Textfassung – verabschiedet und keine abweichende Begründung angibt, dann muss und will es sich die Entwurfsbegründung zurechnen lassen.

Dass der Fall *Meiwes* genau so liegt, stellt das Landgericht Frankfurt fest, wenn es schreibt, »die *Einwilligung* des Opfers« *sei für Meiwes* »zwar *Voraussetzung*, nicht aber Motivationsgrund *gewesen*«. In dem Sterbeverlangen des Opfers keinen »Motivationsgrund« (= Beweggrund) für die Tat des *Meiwes*' zu sehen, ist übrigens unrichtig. *Meiwes* war es sehr wichtig, dass das Opfer die Verschmelzung auch wollte. Der einverständliche Wille des Opfers war Teil seiner Obsession, Teil seines Fetisches und also allemal »Motivationsgrund«.[47] Der Sachverständige *Beier* schreibt in einer aus dem Fall *Meiwes* hervorgegangenen Studie, was wohl schon in seinem Gerichtsgutachten gestanden hat:

»*Tatmotivierend war* für Franky neben der Verknüpfung von fetischistischer Neigung und pathologischem Bindungserleben *das vollständige Einverständnis des Opfers* bezüglich der Schlachtung und Einverleibung. Aufgrund dieser inneren Überzeugung von der Notwendigkeit der Einwilligung des anderen war es ihm auch möglich, von der Realisierung der Tat zunächst Abstand zu nehmen, nachdem sich Cator vorübergehend gegen die Schlachtung entschieden hatte.«[48]

Für die verfassungsrechtliche Bewertung des Frankfurter Urteils ist aber noch wichtiger, dass die Unterscheidung zwischen »Voraussetzung« einerseits und »Motivationsgrund« oder »Beweggrund« andererseits nachgerade sophistisch anmutet. Wenn den Täter alle Umstände dieser Welt für sich genommen nicht zu einer Tat motivieren und bewegen können, solange nicht ein weiterer Umstand hinzutritt (sei es das beleidigende Verhalten des Opfers oder dessen Sterbeverlangen, das Aufgehen der Sonne oder das Krähen des Hahns), dann gehört das Eintreten dieses einen Umstandes zu den »Beweggründen«, denn er ist es ja gerade, der den Täter dazu »bewegt«, die Tat zu beschließen und zu begehen.[49] Deshalb erscheint

47 Vgl. schon *Scharnweber*, Kriminalistik 2006, 549, 553; auch *Scheinfeld*, GA 2007, 695, 697 u. 699 in Fn. 23.

48 *Beier*, Sexueller Kannibalismus, S. 312.

49 Zudem zeigt ein systematischer Vergleich mit dem »Bestimmen« des § 26 StGB, dass es auf die Unterscheidung von »Voraussetzung« und »Beweggrund« nicht ankommt. Den Haupttäter »bestimmt« auch derjenige, dessen Erlaubnis nicht handlungsleitender Beweggrund, sondern nur notwendige Bedingung ist – etwa wenn das Mitglied einer Räuberbande das ihm bekannte Tatopfer aus

die Formulierung des Landgerichts Frankfurt als Ausweichstrategie. Und selbst wenn man der Unterscheidung zwischen »Voraussetzung« und »Beweggrund« im Allgemeinen Kredit geben wollte, so handelte es sich hier um eine unzulässige Außerachtlassung des Gesetzgeberwillens. Der Gesetzgeber hatte *das Kriterium* für das »Bestimmt-worden-Sein« sehr wohl und ganz klar vor Augen und hat es zudem deutlich benannt mit den Worten: Wenn »der Täter ohne das Verlangen nicht zur Tötung geschritten wäre«. Wie der Gesetzgeber sein Kriterium bezeichnet, spielt keine Rolle. Er wollte jedenfalls die Anwendung der Privilegierung des § 216 Abs. 1 StGB vom Vorliegen dieses Umstandes abhängig machen. Im Entwurf ist der Ausdruck »Beweggrund« gewissermaßen definiert, weil die Entwurfsverfasser formulieren »Beweggrund *in dem Sinn* ..., daß ...« und anschließend sagen, was sie unter Beweggrund verstehen und welches Kriterium sie für richtig halten. Und an diese rechtspolitische Bewertung des Straferfordernisses ist der Rechtsanwender gebunden (Art. 2 Abs. 2 S. 2 mit 20 Abs. 3 GG). Sie ist obendrein rundum plausibel, weil der Täter in solchem Fall das Lebens*recht* des Opfers respektiert und sich also dessen Willen unterordnet. Es erstaunt daher, dass sich das Landgericht Frankfurt mit den Ausführungen im Gesetzesentwurf nicht auseinandersetzt – was zuvor schon der 2. *Strafsenat* des Bundesgerichtshofs versäumt hatte.

Man darf gespannt darauf sein, wie die Gerichte entscheiden, wenn ein Täter einmal unvorsichtig genug ist einzuräumen, dass neben einem Sterbeverlangen finanzielle Motive im Spiel waren, etwa in einem Fall, wie *Lackner* ihn lebensnah antizipiert hat: Die Tochter erfüllt das Sterbeverlangen ihres siechen und lebensmüden Vaters; sie hätte ihn zwar ohne das Verlangen keinesfalls getötet, doch dominierte in ihrem Bewusstsein bei der Tat das Versprechen des Vaters, sie zum Lohn für die Tat als Haupterbin einzusetzen. – Dies wäre ein Fall, den der Gesetzgeber ausdrücklich reflektiert und bewusst dem § 216 Abs. 1 StGB zugeschlagen hat. Die Lesart des 2. *Strafsenats* des Bundesgerichtshofs müsste gleichwohl die Verwirklichung des § 216 Abs. 1 StGB negieren (und vielleicht zur Verurteilung wegen Habgiermordes führen). Der Gesetzgeber hat aber entschieden, dass

---

persönlichem Hass verprügeln will, sich dies aber erst traut, als der Bandenführer ihm das Prügeln gestattet.

das Rechtsgut Leben bei einem Sterbeverlangen des Opfers, ohne das der Täter es nicht getötet hätte, nur mit der Strafandrohung des § 216 Abs. 1 StGB geschützt wird. Den Gerichten ist es verwehrt, seine Entscheidung zu korrigieren. Aus diesem Grund hätte der Dreierausschuss im Fall *Meiwes* die Entscheidungen der Strafgerichte korrigieren müssen.

Sonst müsste man sich auch die Frage vorlegen, was denn der Gesetzgeber noch machen muss, damit sich die Rechtsprechung an seinen Willen bindet. Für § 216 Abs. 1 StGB und für den Fall des Motivbündels hat der Gesetzgeber seinen Willen überdeutlich ausgedrückt: *Erstens* drängt der Wortlaut dazu, das Sterbeverlangen schon dann als bestimmend anzusehen, wenn es dem Täter notwendige Bedingung für die Tatbegehung war. Denn im allgemeinen Sprachgebrauch hat man jemanden zu einem Verhalten allemal dann »bestimmt«, wenn man ihm für dieses Verhalten einen ausschlaggebenden Grund geliefert hat. »Bestimmen« bedeutet so viel wie »festlegen (was oder wann, wie etwas zu geschehen hat)«.[50] Das tut jedenfalls derjenige, dessen Wille, wie der des *B.*, »ausschlaggebend« und »notwendig« ist.[51] *Zweitens* hat der Gesetzgeber – gerade um sein Verständnis des Merkmals deutlich zu machen – denselben Ausdruck wie bei der Anstifternorm des § 26 StGB verwendet,[52] und er hat in den Materialien sogar darauf hingewiesen, dass er mit beidem dasselbe meint.[53] Und *drittens* hat er, wie gesagt, im Entwurf zum StGB die Fälle des Motivbündels explizit behandelt und sich entschieden für das Kriterium des »ausschlaggebenden Beweggrundes« im Sinne einer notwendigen Bedingung der Tat. Dies alles lassen der Bundesgerichtshof und das Landgericht Frankfurt unerwähnt,

50 Duden, Band 10: Bedeutungswörterbuch, S. 207. Vgl. in diesem Zusammenhang auch BGHSt 45, 373, 374, wonach es einem »Bestimmen« im Sinn des § 26 StGB nicht entgegenstehen soll, dass die Initiative vom Täter ausgeht.

51 Im allgemeinen Sprachgebrauch versteht man unter »Bestimmen« auch »jemanden zu etwas bewegen«, also das »Mitbestimmen« [*Schlehofer*, Täterschaftliches Begehen einer vorsätzlichen Straftat (§ 25 StGB), noch unveröffentlicht, unter 4 b; ähnlich *Jakobs*, Strafrecht Allgemeiner Teil, 22/21 f.; auch *Scheinfeld*, GA 2007, 695, 698].

52 Darauf verweisen schon *Kudlich*, JR 2005, 342; *Mosbacher*, JfRuE 2006, S. 477, 482.

53 E 1962, S. 275 (im Entwurf ist die Anstiftung in § 30 geregelt, auf ihn wird dort verwiesen).

schieben es beiseite und wenden ein Kriterium an, das dem Gesetzgeber offensichtlich unbrauchbar erschien.

Die Argumentation des Bundesverfassungsgerichts im Beschluss zu den »Waffen« des § 113 Abs. 3 GG legt es nahe, einen Verstoß gegen das Analogieverbot des Art. 103 Abs. 2 GG auch dann zu bejahen, wenn die Auslegung, auf der die konkrete Bestrafung beruht, zwar noch mit dem möglichen Wortsinn vereinbar ist, sie aber dem erkennbaren Willen des Gesetzgebers zuwiderläuft.[54] Wer das nicht akzeptieren will, muss in einer solchen Bestrafung einen anderen Verfassungsverstoß erblicken: Weil dem Gesetzgeber in puncto Erforderlichkeit und Angemessenheit der Strafe ein Einschätzungsvorrang zusteht, darf der Rechtsanwender dessen klar ausgedrückte Vorstellung nicht überbietend missachten (Art. 2 Abs. 2, 20 Abs. 3 GG).[55] Das Freiheitsgrundrecht fordert vielmehr, die Einschätzung des Gesetzgebers, in welchem Umfang eine Bestrafung nötig ist, zu achten.[56] Die gegenteilige Sicht führt dazu, dass der strafende staatliche Akt keine solide Legitimationskette mehr aufweist, sondern dass er eine rein formale, zufällige und der Wirkkraft des Freiheitsgrundrechts nicht gemäße Basis hat: den noch möglichen Wortsinn eines vom Gesetzgeber ganz anders gemeinten Gesetzesmerkmals.

3. War das Sterbeverlangen nicht »handlungsleitend«?

»Der Wunsch des *B.* nach der Penisamputation als finalen Akt mit der Folge des Todes sowie sein Einverständnis mit seiner spurlosen Vernichtung

54 Das passt dann auch für privilegierende Normen: Bei einer strafschärfenden Norm wie § 113 Abs. 3 StGB ist eine *extensive* Auslegung entgegen dem Gesetzgeberwillen unzulässig, bei einer strafmildernden oder strafbefreienden Norm wie § 216 StGB bzw. § 24 StGB ist eine *restriktive* Auslegung entgegen dem Gesetzgeberwillen unzulässig (so darf etwa § 24 StGB nicht teleologisch reduziert werden, vgl. BGHSt, 42, 158, 160 f.; *Freund*, Strafrecht Allgemeiner Teil, § 9 Rdnr. 54; *Kuhlen*, Die verfassungskonforme Auslegung von Strafgesetzen, S. 31, 93; *Küper*, JZ 1997, 229, 231; *Schmitz*, in: MüKo-StGB, Band 1, § 1 Rn. 13; *Scheinfeld*, Der Tatbegriff des § 24 StGB, S. 25 ff., 34 f.).

55 So zum Fall *Meiwes* schon *Scheinfeld*, GA 2007, 695, 702.

56 Auf der Ebene der »Erforderlichkeit« ist die Rede von der »Einschätzungsprärogative«, auf der Ebene der »Angemessenheit« vom »Bewertungsspielraum« (vgl. die Darstellung von *Schulze-Fielitz*, in: Dreier, Grundgesetz, Band II, Art. 20 Rn. 183 bzw. 185).

war […] für den Angeklagten die notwendige Bedingung der Tötung und Schlachtung des *B.* Er war für ihn jedoch nicht der bewusstseinsdominante, handlungsleitende Beweggrund«,

so heißt es im Urteil des Landgerichts Frankfurt.[57] Unterstellt man einmal, dass es grundsätzlich aufklärbar ist, welcher Teil eines Motivbündels für den Täter handlungsleitend war,[58] dann ergeben die Feststellungen der Frankfurter Richter ein merkwürdiges Szenario: *Meiwes* vollzieht die Tötung nur *widerwillig*, lieber gewesen wäre es ihm, *B.* hätte sich selber getötet; dennoch wirkt das Sterbeverlangen des Opfers bei der Tötung nicht »handlungsleitend«, sondern dies tun vielmehr (was im Urteil teilweise unausgesprochen bleibt) die Motive »Geschlechtstriebsbefriedigung« und »Einverleibephantasie«; und zwar tun sie das, obwohl *Meiwes* diese Ziele auch leicht dadurch hätte erreichen können, dass er den wegen starken Blutverlusts bereits geschwächten und bewusstlosen *B.* einfach hätte verbluten lassen. – Was hat *Meiwes* aber, wenn nicht das Sterbeverlangen, seinen Widerwillen überwinden lassen? Die Antwort darauf gibt das Urteil nicht, und weder Revisions- noch Verfassungsgericht rügen diese Lücke, obwohl die Erklärung nahe liegt, dass für die – aus Tätersicht unnötige – Tötungshandlung gerade das Sterbeverlangen des *B.* handlungsleitend war: *Meiwes* solle ihn, falls er bewusstlos bleibe, abstechen.[59] Zumal die Frankfurter Richter den Umstand nicht würdigen, dass *Meiwes* unmittelbar vor dem Zustechen u. a. gesagt hat: »Ich muss es tun. Ich kann nicht anders. *Jetzt erlöse ich dich von Deinen Qualen*, auch wenn's mir schwer fällt.«[60]

Im Urteil des Landgerichts Frankfurt fehlt auch die Auseinandersetzung mit der weiteren Frage, wieso das Sterbeverlangen nicht auch dann als »handlungsleitend« gilt, wenn man die Obsession des *Meiwes* für »handlungsleitend« hält. Denn schließlich war die Einwilligung des *B.* in (die Tötung und) das Einverleiben ein *untrennbarer Teil der Obsession*! Es kam ihm gerade darauf an, sich jemanden einzuverleiben, der das selber auch wollte, was sich aus seiner krank-

57 Urteil des LG Frankfurt, S. 18 (Feststellungen).

58 Gegen diese Annahme allgemein und im Fall *Meiwes* im Besonderen unten IV 1 c bb, S. 32 (im Text nach Fn. 95).

59 Vgl. im Urteil des LG Frankfurt, S. 15 (Feststellung).

60 Ebenda, S. 17 (Feststellung).

haften Bindungsstörung erklärte.[61] Die Strafkammer hätte also schon begründen müssen, warum dies nicht ausreicht, um das Kriterium der »Handlungsleitung« zu erfüllen. Beide Begründungsdefizite hätte der Bundesgerichtshof als Revisionsinstanz rügen müssen – dass das Bundesverfassungsgericht zumindest das zweite Defizit hätte rügen müssen, ist unten dargelegt.[62]

4. »Handlungsleitendes Motiv« und nemo tenetur (Art. 1 GG)

Der Beschwerdeführer sieht darin, dass das Landgericht Frankfurt eine Tötung auf Verlangen ablehnt, in verfahrensrechtlicher Hinsicht seine Menschenwürde verletzt:

»Durch zu hohe Anforderungen an das Tatbestandsmerkmal ›bestimmt‹ in § 216 Abs. 1 StGB wird der Verfahrensgrundsatz ›nemo tenetur se ipsum accusare‹ verletzt. Diese Restriktion des Privilegierungstatbestandes zwingt den Beschwerdeführer zum Verzicht auf seine verfassungsrechtlich garantierte Selbstbelastungsfreiheit«.[63]

Der Prozessbevollmächtigte begründet den Verstoß zunächst damit, dass der Angeklagte gezwungen ist, die Rangfolge seiner Motive offenzulegen, sollen denn die Tatrichter die Überzeugung gewinnen, das Sterbeverlangen des Opfers sei handlungsleitend gewesen. Der Dreierausschuss des Bundesverfassungsgerichts nimmt das Problem nicht voll in den Blick, wenn er dagegenhält, es sei nicht erkennbar, »warum die Feststellung der Motivationslage des Täters allein durch dessen geständige Einlassung möglich sein sollte«: innere Tatsachen mögen schwieriger festzustellen sein; solche Feststellungen seien aber »alltägliche Praxis« der Tatgerichte und durch das Abstellen auf äußere Indizien durchaus möglich.[64] Es stimmt zwar, dass sich »die Motive« oft auch anders als durch die geständige Einlassung des Angeklagten aufklären lassen (hier: Video von der Tat, E-Mail-

---

61 Ebenda, S. 18 (Feststellung); dazu schon oben im Text nach Fn. 46, S. 17.

62 Unter IV 1 e ee, S. 64.

63 Begründung der Verfassungsbeschwerde, S. 33 ff., 72; *Mitsch*, ZIS 2007, 197, 199. – Das Nemo-tenetur-Prinzip wird auch geschützt gesehen von Art. 2 Abs. 1 i. V. m. Art. 1 Abs. 1, 20 Abs. 3 GG; Art. 14 Abs. 3 lit. g IpbpR.

64 2 BvR 578/07, Rz. 26.

Verkehr des Angeklagten). Beim handlungsleitenden Motiv ging es jedoch um die weitaus schwierigere Aufklärung, welches der für den Täter wichtigen Motive »bewusstseinsdominant« oder »entscheidend« war – das Sterbeverlangen oder das Sexualmotiv oder der Einverleibe- / Bindungswunsch oder das erstrebte Machtgefühl. Über die Rangfolge mehrerer wichtiger Motive kann, die generelle Aufklärungsmöglichkeit unterstellt, nichts anderes Erkenntnis verschaffen als die Einlassung des Täters. Der Fall weicht in dieser Hinsicht ersichtlich von der Feststellung anderer subjektiver Tatsachen ab. Das genau war ja der Grund, warum der Gesetzgeber das Kriterium des »handlungsleitenden Motivs« verworfen hat.[65]

Im Allgemeinen wäre es aber, bei hypothetischer Anerkennung des Kriteriums, wohl vorzugswürdig, einen Verstoß gegen die Selbstbelastungsfreiheit zu verneinen. Denn wenn sich zwar die Motive, nicht aber ihre Rangfolge aufklären lassen, dann müssen die Tatrichter nach dem Grundsatz *in dubio pro reo* davon ausgehen, dass das Sterbeverlangen bewusstseinsdominant war. Zur Aussage drängt den Angeklagten zwar auch bei dieser Rechtslage noch die Sorge, die Strafrichter werden vorhandene Zweifel unterdrücken und ihre Überzeugung zu seinen Lasten bilden (§§ 212, 211 StGB statt § 216 StGB). Aus diesem Grund könnte er sich zu einer Selbstbelastung entschließen. Dies scheint mir aber ein Druck zu sein, der dem Strafprozess immanent ist und der nicht vermieden werden kann. Wer beispielsweise sein Opfer in Notwehr getötet hat, mag, wenn seine Anwesenheit am Tatort noch nicht bewiesen ist, hin und hergerissen sein, ob er auf die Nichtnachweisbarkeit dieses Umstandes setzt oder ob er die Anwesenheit am Tatort sowie die Vornahme der Tötungshandlung einräumt und die Notwehrausübung erklärt – letzterenfalls freilich riskierend, dass die Richter ihm nicht glauben. Wenn aber der Angeklagte in dieser Situation aussagt, bewertet das Recht seine Aussage als »frei«.

Eine weitere Beeinträchtigung des Schweigerechts sieht der Prozessbevollmächtigte darin, dass dem Angeklagten, wenn er seine Einlassung auf die Umstände des § 216 Abs. 1 StGB beschränkt hätte, die nachteilige Würdigung eines solchen »Teil-Schweigens« drohte. Hätte *Meiwes* sich also etwa auf die Einlassung beschränkt, er sei in erster

65 Dazu oben im Text bei Fn. 45.

Linie vom Sterbeverlangen des Opfers und nachrangig vom Einverleibewunsch motiviert gewesen, und hätte er auf Fragen nach sexuellen Tatmotiven geschwiegen, dann wäre dieses »Teil-Schweigen« vielleicht gegen ihn verwertet worden.[66] Mögen die Bedenken gegen die nachteilige Würdigung eines Teil-Schweigens auch berechtigt sein,[67] so bestand für den verteidigten *Meiwes* indes die Möglichkeit, eigene schriftliche Einlassungen vorzutragen oder seinen Verteidiger schriftliche Ausführungen zum »handlungsleitenden Motiv« machen zu lassen und durch mündliche Erklärungen im Sinn des § 257 Abs. 2 StGB die dem Angeklagten günstige Motivreihung aufzuzeigen; sein Schweigen hätte ihm dann nicht nachteilig ausgelegt werden dürfen.[68] Er befand sich also, was seine Aussagefreiheit angeht, nicht in einer »Zwickmühle«, sondern hatte die Möglichkeit, hinsichtlich der Umstände des § 216 Abs. 1 StGB auf die Überzeugungsbildung des Tatgerichts einzuwirken, ohne Nachteile befürchten zu müssen. Ein Verstoß gegen den Nemo-tenetur-Grundsatz liegt daher meines Erachtens nicht vor.

---

66 Die h. M. lässt die nachteilige Verwertung des Teil-Schweigens zu: vgl. nur BGHSt 20, 298 ff.; *Meyer-Goßner*, StPO, § 261 Rn. 17.

67 *Aselmann*, JR 2001, 80; *Park*, StV 2001, 589, 591; *Rogall*, Der Beschuldigte als Beweismittel gegen sich selbst, S. 250 ff.

68 *Eisenberg*, Beweisrecht der StPO, Rn. 908; *Park*, StV 2001, 589, 592 unter Verweis auf BGH, NStZ 2000, 439.

IV. Lebenslange Freiheitsstrafe trotz ausdrücklichen und als ernstlich vorgestellten Sterbeverlangens?

Weil die Strafgerichte das Vorliegen einer Tötung auf Verlangen (zu Unrecht) verneint und auf Mord erkannt haben, stellte sich ihnen wie dem Bundesverfassungsgericht die Frage, ob im Fall *Meiwes* die Anwendung des § 211 StGB mit der Folge lebenslanger Freiheitsstrafe vor dem Grundgesetz bestehen kann. Diese Frage ist aufzufächern in die Prüfungen, ob die *Richtersprüche* verfassungskonform sind (1.) und ob die *Norm* des § 211 StGB verfassungsgemäß ist (2.).

1. Verfassungswidrigkeit der strafrichterlichen Gesetzesanwendung

a) Der Prüfmaßstab des Dreierausschusses

Mit Blick auf die dahin gehende Überprüfungsbefugnis des Bundesverfassungsgerichts fasst der Dreierausschuss die in der Rechtsprechung des Bundesverfassungsgerichts gängigen Formulierungen zusammen:

»Das Verfassungsgericht prüft – neben der Frage, ob die Rechtsanwendung gegen das Willkürverbot verstößt – nur, ob die gegen den Beschwerdeführer verhängte lebenslange Freiheitsstrafe von Verfassungs wegen schuldangemessen ist ... [Es] ersetzt die strafrichterliche Wertung, welche Sanktion im Einzelfall tat- und schuldangemessen ist, auf der Grundlage des verfassungsrechtlichen Gebots schuldangemessenen Strafens nicht durch eine eigene Bewertung. Es prüft nur nach, ob dem Schuldgrundsatz überhaupt Rechnung getragen und seine Tragweite bei der Auslegung und Anwendung des Strafrechts grundlegend verkannt worden ist, nicht dagegen, ob die entscheidungserheblichen Gesichtspunkte in jeder Hinsicht zutreffend und den einfach-rechtlichen Vorgaben entsprechend gewichtet worden sind oder ob eine andere Entscheidung näher gelegen hätte«.[69]

---

69 2 BvR 578/07, Rz. 34. – Vgl. schon die Konkretisierung des Prüfmaßstabs in BVerfGE 18, 85, 93 (oben, Fn. 2).

Nach diesem Prüfmaßstab seien im Fall *Meiwes* keine Grundrechte des Beschwerdeführers verletzt.[70]

b) Das Mordmerkmal: »niedrige Beweggründe«

Das allgemeine Mordmerkmal der 1. Gruppe, das die *unbenannten* niedrigen Beweggründe erfasst, sah das Landgericht Frankfurt nicht verwirklicht, »weil die Tat des Angeklagten bei der vorzunehmenden Gesamtschau nicht auf ›sittlich tiefster Stufe‹ anzusiedeln« sei: Bei einer Gesamtschau sei zu berücksichtigen, »dass der Angeklagte nur nach Einwilligung des *B.* handelte«. Insoweit sei »die Tat abzugrenzen von Fällen, in denen der Täter das Opfer gegen dessen Willen« töte.[71] Die Frankfurter Richter folgen dabei offensichtlich der ständigen Rechtsprechung des Bundesgerichtshofs, wonach eine *umfassende Gesamtwürdigung* aller äußeren und inneren für die Handlungsantriebe des Täters maßgeblichen Faktoren nötig ist, soll ein Beweggrund als niedrig bewertet werden.[72] Es berücksichtigt damit weiter die Vorgabe des Verfassungsgerichts, nur Fälle »besonderer Verwerflichkeit« als Mord einzustufen.[73] Im Rahmen der *unbenannten* niedrigen Beweggründe darf also keine Gleichsetzung mit den *benannten* niedrigen Beweggründen allein in abstracto erfolgen. Wer etwa tötet, weil er einen Juden oder einen »Penner« tot sehen will (Rassenhass[74] bzw. Randgruppenhass[75]) oder weil er die Begehung einer Ordnungswidrigkeit beabsichtigt[76], tötet nicht *per se* aus niedrigem Beweggrund. Stets ist die Gesamtwürdigung nötig, und die Gleichsetzung mit einem *benannten* niedrigen Beweggrund ist nur angemessen, wenn eine Abwägung der strafmildernden Gesichtspunkte die besondere Verwerflichkeit ergibt. Im Fall *Meiwes* hat das Landgericht Frankfurt eben diese besondere Verwerflichkeit unter Verweis auf das Sterbeverlangen des Opfers verneint.

---

70 Ebenda.

71 Urteil des LG Frankfurt, S. 50 (rechtliche Würdigung).

72 Zuletzt BGH, NStZ-RR 2008, 308 f.

73 Vgl. BVerfGE 45, 187, 266 f.

74 BGHSt 2, 251, 254; auch *Arbeitskreis AE*, GA 2008, 193, 200, 229 f.

75 BGH, NStZ 1993, 182, 183.

76 *Jähnke*, in: LK-StGB, § 211 (2001) Rn. 9, 25; *Schneider*, in: MüKo-StGB, Band 3 (2003), § 211 Rn. 198 mit Rn. 80.

c) Das Mordmerkmal: »zur Befriedigung des Geschlechtstriebs«

aa) Ungleichbehandlungen

Den *benannten* niedrigen Beweggrund »zur Befriedigung des Geschlechtstriebs« hingegen sah das Landgericht Frankfurt verwirklicht. Der Dreierausschuss beanstandet das nicht, weil die Auslegung mit dem Normwortlaut vereinbar und auch im Übrigen einfachrechtlich vertretbar sei.[77] Beide Richtersprüche überraschen. Wenn doch die Gesamtwürdigung der Tat keine »Niedrigkeit« ergibt, wie kann dann bei einem *benannten* niedrigen Beweggrund, der ja Teil der *Gesamt*würdigung war, etwas anderes herauskommen?

Zum Vergleich: Dieselbe Gesetzestechnik wie bei den niedrigen Beweggründen des § 211 Abs. 2 StGB, also exemplarische Beispiele und ein Auffangmerkmal, findet sich in § 224 Abs. 1 Nr. 2 StGB: »Wer die Körperverletzung ... mittels einer Waffe oder eines anderen gefährlichen Werkzeugs begeht«. Hier ist man sich darüber einig, dass auch eine Waffe »gefährlich« eingesetzt werden muss.[78] So erfüllt es die Nr. 2 beispielsweise nicht, wenn der Täter dem geknebelten und fixierten Opfer mit einem Kampfmesser den Zopf abschneidet.[79] Soll es dann aber verfassungsrechtlich vertretbar sein, wenn ein Gericht für dieses Zopfabschneiden gleichwohl auf gefährliche Körperverletzung erkennt? Gewiss, eine Waffe hat der Täter benutzt. Aber die Waffe im Sinn des § 224 Abs. 1 Nr. 2 StGB muss ja zugleich ein »gefährliches« Werkzeug sein (»mittels ... eines *anderen* gefährlichen Werkzeugs«). Als solches kann es aber im Beispiel nicht gelten. Es geht dem § 224 Abs. 1 Nr. 2 StGB erkennbar nicht darum, ob der eingesetzte Gegenstand *in der Regel* gefährlich ist, sondern ob er es bei der konkreten Verwendung war.[80]

---

77 BVerfG, Beschl. v. 7.10.2008 – 2 BvR 587/07, Rz. 36.

78 Vgl. statt aller *Hardtung*, in: MüKo-StGB, Band 3, § 224 Rn. 19.

79 Bis kurz vor Drucklegung dieser Schrift hielt ich es noch für ausgeschlossen, dass ein Strafgericht in einem solchen Sachverhalt eine gefährliche Körperverletzung erblickt. Das LG Stralsund hat mich eines Bessren belehrt und in einem Fall, in dem der Täter seiner Freundin mit einem Küchenmesser im gewaltsamen Streit die Dreadlocks abgeschnitten hat, auf Körperverletzung mittels eines gefährlichen Werkzeugs erkannt (§ 224 Abs. 1 Nr. 2 Fall 2 StGB). Der *4. Strafsenat* des BGH hat diesen Schuldspruch aufgehoben (NStZ-RR 2009, 50).

80 Zu einem ganz ähnlichen Fall (Rasierklinge als Mittel) schreibt *Roxin*: Der Richter dürfe das Zopfabschneiden nicht unter § 224 Abs. 1 Nr. 2 StGB

Dem ganz entsprechend ist aber, wie gesagt, das Merkmal »zur Befriedigung des Geschlechtstriebs« ein »niedriger Beweggrund« wie alle sonstigen, also alle unbenannten. § 211 Abs. 2 StGB stellt das klar mit der Formulierung: »zur Befriedigung des Geschlechtstriebs [...] oder *sonst* aus niedrigen Beweggründen«. Die Logik ist folglich dieselbe wie beim Spezialfall des gefährlichen Werkzeugs, der Waffe: Auch für den *besonderen* niedrigen Beweggrund müssen Einschränkungen gelten, die bei dem *allgemeinen* anerkannt sind. Der einzige Unterschied zwischen den Beweggründen des § 211 Abs. 2 StGB und den Werkzeugen des § 224 Abs. 1 Nr. 2 StGB liegt darin, dass bei der »Waffe« der Grund für die Strafschärfung etwas expliziter wird: Die Gefährlichkeit des Mitteleinsatzes drückt das Gesetzesmerkmal deutlich aus. Beim Sexualmotiv hingegen ergibt eine Gesamtwürdigung der Umstände die Niedrigkeit und besondere Verwerflichkeit des Beweggrundes – diese Voraussetzung bringt also erst die Interpretation ans Licht; sie steckt aber im Merkmal und ist verbindlich. Diese Struktur des Gesetzes macht es logisch zwingend, auch beim *benannten* niedrigen Beweggrund eine Gesamtschau der strafzumessungsrelevanten Umstände zu fordern. Und dann ist es ausgeschlossen, dass dabei etwas anderes herauskommt als bei dem Auffangmerkmal des unbenannten niedrigen Beweggrundes. Denn die Kriterien sind gleich: Zumindest alle für die Handlungsantriebe maßgeblichen Faktoren müssen berücksichtigt werden.[81]

Um zu erkennen, dass allein dieses Verständnis willkürfrei ist, muss man sich nur vor Augen führen, dass es – nach derzeitiger Praxis – eine letztlich beliebige Einordnung darstellt, ob ein sexuelles Motiv noch dem Merkmal »zur Befriedigung des Geschlechtstriebs« zugeschlagen wird. Zur Veranschaulichung kann ein Fall dienen, den der Prozessbevollmächtigte anführt und den der Dreierausschuss in seiner Begründung aufgreift:

> »Wenn der Beschwerdeführer einen Vergleich anstellt zwischen seinem Fall und einer Konstellation, in der der Täter einen anderen töte, um sich – zur Befriedigung seines Geschlechtstriebs – dessen pornographische Videofilme

---

subsumieren, »denn dadurch würde er seinen eigenen rechtspolitischen Vorstellungen gegenüber den gesetzlichen Zwecken den Vorrang einräumen«, und dazu sei er »nicht legitimiert« (Strafrecht Allgemeiner Teil, Band I, § 5 Rn. 31 am Ende).

81 So kürzlich schon *Mitsch*, JZ 2008, 336, 339.

zu verschaffen, was nach der von ihm beanstandeten Rechtsprechung auch als Mord zur Befriedigung des Geschlechtstriebs angesehen werden müsse, verkennt er, dass der wesentliche Unterschied zwischen beiden Fällen darin besteht, dass im letzteren Fall zwischen dem Tötungsakt selbst und der später erstrebten sexuellen Befriedigung keinerlei spezifischer Zusammenhang besteht, während der Beschwerdeführer seine spätere sexuelle Befriedigung plangemäß aus der Betrachtung der auf Video aufgezeichneten Tötung und anschließenden Schlachtung seines Opfers bezog«.[82] Im Fall *Meiwes* fehle es »gerade nicht an einem unmittelbaren Zusammenhang zwischen der Tötung und der – auch durch sie beabsichtigten – Befriedigung des Geschlechtstriebs«.[83]

Aber diese Begründung leuchtet nicht ein: Offenbar möchten die Verfassungsrichter in der Tötung zur Erlangung der Pornovideos keinen Mord »zur Befriedigung des Geschlechtstriebs« erblicken. Aber warum nicht? Grund für die Strafschärfung sind bei diesem Motivmerkmal doch die verwerfliche Zweck-Mittel-Relation und die (aus ihr abzulesende) Gefährlichkeit des Täters, der aus nichtigem Anlass tötet.[84] Im Fall der Pornovideos ist der angestrebte Zweck jedenfalls nicht minder verwerflich, der Anlass zur Tötung jedenfalls nicht nichtiger als im Fall *Meiwes*; Pornovideos könnte sich der Täter in jedem Ort für ein paar Euro ausleihen. Dass er gleichwohl zu ihrer Erlangung tötet, lässt ihn hochgradig gefährlich erscheinen. Das Kriterium des unmittelbaren Zusammenhangs, dass die Verfassungsrichter heranziehen wollen, ist daher willkürlich gewählt. Denn es ist in keiner Weise darauf abgestimmt, die verwerflicheren sexuellen Motive dem benannten Motivmerkmal zuzuschlagen. Das zeigt gerade der Vergleich mit dem vom Beschwerdeführer klug gewählten Beispielsfall. Im Pornovideo-Fall hätte der Täter, wie gesagt, sein nichtiges Ziel auch leicht anders erreichen können, und er erscheint deswegen besonders gefährlich. Hingegen konnte *Meiwes* seine Obsession nur umsetzen, also mit dem *einverstandenen* Opfer verschmelzen, wenn dessen Tod eintrat; und er erscheint auch deswegen *weitaus* weniger gefährlich, weil er die Autonomie des Opfers und also dessen Lebens*recht* geachtet hat.[85]

---

82 2 BvR 578/07, Rz. 36.

83 Ebenda.

84 2 BvR 578/07, Rz. 31.

85 Das Lebensrecht des Opfers kann nur gegen dessen Willen verletzt werden,

Will man nun – mit den Verfassungsrichtern – nicht jede Tötung, bei der sexuelle Motive im Spiel sind, als einen Fall des Mordes »zur Befriedigung des Geschlechtstriebs« einstufen, dann ist es vor dem Hintergrund der je verwerflichen Zweck-Mittel-Relation völlig beliebig, nach welchem anderen Kriterium man die Auswahl trifft.[86] Für die verfassungsrechtliche Bewertung entscheidend ist aber, dass von dieser Beliebigkeit der Einordnung natürlich nicht abhängen darf, ob noch eine Gesamtwürdigung der Umstände vorzunehmen ist. Vielmehr muss die Gesamtwürdigung bei allen Motiven vorgenommen werden. Eine Differenzierung nach benannten und unbenannten ist unter keinem Gesichtspunkt vertretbar![87] Sie verstieße also gegen Art. 3 Abs. 1 GG.[88] Das wird erneut deutlich, wenn man die weiteren unbenannten Beweggründe in die Betrachtung einbezieht. So ist, wie gesagt, eine Gesamtwürdigung nötig, wenn der Täter aus Rassenhass einen Juden tötet, und sie ist auch nötig, wenn der Täter sich durch die Tötung nicht sexuell *befriedigen*, sondern allein sexuell *erregen* will.[89] Im Vergleich dazu wäre der Verzicht auf die Gesamtwürdigung beim Triebbefriedigungsmotiv nur akzeptabel, wenn dieses Motiv stets als verwerflicher zu bewerten wäre als die Motive

---

vgl. *Merkel*, Früheuthanasie, S. 403 f.; *Scheinfeld*, GA 2007, 695, 700. Hinsichtlich einer solchen Lebensrechtsverletzung fehlte *Meiwes* zumindest der Vorsatz, weil er von der Verantwortlichkeit des *B.* »ausgehen durfte« und ausgegangen ist.

86 Deshalb ist das Plausibelste an der Revisionsentscheidung des 2. *Strafsenats* und am Urteil des LG Frankfurt, für das Merkmal »zur Befriedung des Geschlechtstriebs« auf den Unmittelbarkeitszusammenhang zu verzichten.

87 So verstehe ich auch *Gössel / Dölling*, Strafrecht Besonderer Teil 1, § 4 Rn 21: »Die speziellen Tötungsmotive sind lediglich gesetzlich hervorgehobene Beispiele von Beweggründen, die zwar regelmäßig, nicht aber notwendig als niedrig zu bewerten sind. Ist deren Niedrigkeit zu verneinen, so ist § 211 unanwendbar; auf diese Weise kann der Forderung des BVerfG nach Wahrung des Verhältnismäßigkeitsgrundsatzes jedenfalls in diesem Bereich entsprochen werden.« Und auch *Horn*, in: SK-StGB, § 211 (Stand: 2000) Rn. 8: »Entscheidend kann vielmehr nur sein, ob zwischen dem jeweiligen Tatmotiv (oder dem mit der Tötung verfolgten Ziel) und der davon motivierten Tat ein besonders krasses Mißverhältnis besteht. In diesem Sinne sind auch die gesetzlichen Beispiele (›sonst‹) für ›niedrige Beweggründe‹ auszulegen.«

88 *Mitsch*, JZ 2008, 336, 339.

89 Vgl. BGH, StV 1982, 14, 15; und bei *Gössel / Dölling*, Strafrecht Besonderer Teil 1, § 4 Rn. 42 mit Rn. 25; *Kindhäuser*, Strafrecht Besonderer Teil I, § 2 Rn. 12; *Hartmut Schneider*, in: MüKo-StGB, Band 3, § 211 Rn. 54.

des Rassenhasses und der sexuellen Erregung. Dies zu behaupten, wäre abwegig.[90]

Bedenken muss man meines Erachtens auch, dass der Gesetzgeber ebenso gut ein weiteres Beispiel der niedrigen Beweggründe in § 211 StGB hätte nennen können, etwa den »Rassenhass«. Das hätte dann plötzlich zur Folge, dass für dieses Motiv eine Gesamtabwägung nicht mehr nötig wäre. Aber bei welcher Zahl von Beispielen der Gesetzgeber es bewenden lässt, das darf keinen Einfluss auf die materiellen Anforderungen haben. Ein Motiv wird nicht deswegen verwerflicher, weil der Gesetzgeber es ausdrücklich benennt. Und jedes – für sich genommen niedrige – Motiv muss rechtlich gleich behandelt werden.

Die Methode der Frankfurter Richter, beim Sexualmotiv keine Gesamtwürdigung vorzunehmen, lässt sich verfassungsrechtlich nicht retten mit dem Hinweis auf eine mögliche Anwendung der Rechtsfolgenlösung (§§ 13 Abs. 2, 17 S. 2, 21, 49 Abs. 1 StGB analog)[91]. Denn dafür gilt ein wesentlich strengerer Maßstab,[92] wie uns dieser Fall ja vor Augen führt: Das Landgericht Frankfurt hatte eine ausnahmsweise Milderung abgelehnt, obwohl es die besondere Verwerflichkeit der Tat im Rahmen der Gesamtwürdigung ausdrücklich verneint.[93] Das Urteil ist also in dem Punkt widersprüchlich und willkürlich, wo es einerseits den *unbenannten* niedrigen Beweggrund verneint, andererseits den *benannten* niedrigen Beweggrund »zur Befriedigung des Geschlechtstriebs« bejaht. Das Landgericht behandelt damit – ohne jeden Sachgrund – den Fall des Beschwerdeführers in Bezug auf drei Vergleichsgruppen ungleich: Wegen des Verzichts auf die Gesamtwürdigung steht er zum einen schlechter im Vergleich zu Tötungen mit Sexualmotivation, die nicht dem benannten Beweg-

---

90 *Köhne*, Jura 2009, 100, 103 stuft sogar umgekehrt die Erregungsabsicht gegenüber der Befriedigungsabsicht als verwerflicher ein.

91 Vom BGH entwickelt in BGH(GS)St 30, 105, 120 ff.; abgelehnt in: BGHR, § 211 Abs. 2 Niedrige Beweggründe 48; NJW 2007, 3294 ff.; vgl. auch NStZ-RR 2006, 200 f.; BGHR, § 211 Abs. 1 Strafmilderung 7; NStZ 2005, 154 f; NStZ-RR 2004, 294; NStZ-RR 2004, 235 (Brandstiftungsdelikt); Beschluss v. 25.11.2003 – 3 StR 318/03; NStZ 1994, 581; BGHSt 35, 116 ff.; NStZ 1984, 453; NJW 1983, 2456 (Subsidiarität der Rechtsfolgenlösung).

92 So auch *Mitsch*, JZ 2008, 336, 339: nur bei »außergewöhnlichen Umständen« (vgl. BGHSt 30, 105, 119 ff.; BGH, NStZ-RR 2006, 201 f.); dazu auch *Kühl*, in: Lackner / Kühl, Strafgesetzbuch, Vor § 211 Rn. 20.

93 Vgl. oben S. 26, im Text unter b vor Fn. 71.

grund zugeschlagen werden (Pornovideofall, Erregungsabsicht); zweitens im Vergleich zu Tötungen, die aus Gewinnstreben erfolgen (Habgiermerkmal)[94]; und drittens im Vergleich zu solchen, die aus sonstigen, also unbenannten niedrigen Beweggründen begangen werden (Rassenhass etc.). Das Urteil des Landgerichts Frankfurt verstößt folglich in diesem Punkt gegen Art. 3 Abs. 1 GG.[95]

bb) Willkürverbot und »handlungsleitendes Motiv«

Das Landgericht Frankfurt bejaht die subjektiven Mordmerkmale »zur Befriedigung des Geschlechtstriebs« und »um eine andere Straftat zu ermöglichen«, ohne sich in der Beweiswürdigung die Frage vorzulegen, ob diese beiden Motive »handlungsleitend« waren.[96] Diese Frage beantwortet hatte das erste Tatgericht, das Landgericht Kassel, und zwar wo es das Merkmal »zur Befriedigung des Geschlechtstriebs« verneint hatte. *Kreuzer* gibt die Gründe des Landgerichts wie folgt wieder:

> »Es hat vor allem darauf abgestellt, daß es sich um krankhafte Phantasien und Wünsche handele, daß die Krankheit nicht vorwerfbar sei, daß die Schlachtphantasien nur sekundär lustbesetzt seien, daß bewusstseinsdominant im Motivbündel von *Meiwes* war, sich einen anderen einzuverleiben, um mit ihm eine unauflösliche Bindung einzugehen.«[97]

---

94 Vgl. zum Beispielscharakter der Habgier die in Fn. 102 wiedergegebenen Ausführungen des BGH.

95 Zu der weiteren Ungleichbehandlung gegenüber den Fällen des § 212 Abs. 2 StGB s. unter f.

96 Im Urteil heißt es: »Der Angeklagte tötete B. nicht allein, um sein Fleisch zu essen und diesen in sich aufzunehmen, sondern auch, um ihn schlachten zu können, dies in seinem ›Kopfkino‹ zu speichern und es darüber hinaus auf Video aufzunehmen, um sich den Schlachtvorgang zur sexuellen Stimulation und Befriedigung so jederzeit ins Gedächtnis rufen zu können … [S. 36]. Allerdings tötete der Angeklagte nach Überzeugung der Kammer auch, um ein absolutes Machtgefühl über die getötete Person und deren Fleisch zu haben« [S. 42]. In der Beweiswürdigung ist zwar davon die Rede, dass das Sexuelle »eine große Rolle« spielte, doch das tat ja auch der Bindungswunsch, und es war zu klären, welches Motiv »die *größere* Rolle« spielte. – Das dritte Motiv (Machtgefühl) sei hier noch vernachlässigt, wiewohl es das für *Meiwes* günstigste ist, da das Landgericht Frankfurt für dieses Motiv die Niedrigkeit verneint hat (S. 50 des Urteils).

97 StV 2007, 598, 605 rechte Spalte.

Worauf es vor dem Hintergrund des Willkürverbotes nun ankommt, ist der Umstand, dass sich hier mehrere Deutungsmöglichkeiten gegenüberstehen: Bewusstseinsdominant war beim Angeklagten entweder die Geschlechtstriebsbefriedigung oder der Bindungswunsch oder das angestrebte Machtgefühl oder alle Motive waren gleich gewichtig. Ist die Frage erst einmal gestellt, gerät man sofort in ein Dilemma. Es gibt kein Kriterium, anhand dessen man die Sortierung der Motive vornehmen kann. Schwingen beim Täter zwei oder mehr wichtige Motive mit, ist es aus prinzipiellen Gründen nicht aufklärbar, welches für ihn wichtiger ist. Auch psychologische Sachverständige haben meines Erachtens keine Möglichkeit, dies aufzuklären.[98] Deshalb ist das Voransetzen des Einverleibewunsches (Landgericht Kassel) genauso willkürlich wie es willkürlich gewesen wäre, wenn das Landgericht Frankfurt die Bewusstseinsdominanz der Triebbefriedigung festgestellt hätte. Der Gesetzgeber hatte vollkommen Recht damit, das Kriterium des »handlungsleitenden Motivs« als eine Überforderung des Richters zu verwerfen.[99] Der überforderte Richter kann nur willkürlich entscheiden.[100] Wohl wegen dieser Hilflosigkeit, worein einen das Kriterium versetzt, griffen die Frankfurter Richter zu einer alten Taktik: schweigen, schweigen, fein-leise vorüberschleichen.

Zu diesem Versäumnis bei der Beweiswürdigung tritt als echter Widerspruch, dass die Tatrichter in ihren Feststellungen ein anderes Motiv für handlungsleitend erklären, und zwar ganz in Übereinstimmung mit dem Landgericht Kassel und dem Sachverständigen *Beier*:

---

98 Der Rechtspsychologe *Udo Undeutsch* gab im persönlichen Gespräch die Auskunft, dass er, vom Gericht zur Detektierung der Motivreihenfolge beauftragt, die Aufgabe übernehmen würde, aber: mit wenig Aussicht auf Erfolg. Im Erfolgsfalle wäre dann aber eine Operationalisierung nötig. Sie wird im Urteil des LG Frankfurt nicht wiedergegeben. Verurteilter, Revisionsgericht und Rechtsgemeinschaft erfahren nicht, aus welchen Umständen die Reihung der Motive erschlossen worden ist.

99 Dazu oben unter III 2, S. 16 im Text vor Fn. 45. – Dass dieses Kriterium wegen der »fragilen Basis der Bewusstseinsdominanz« nicht über die Einstufung »Mord oder Totschlag« entscheiden soll, fordert der *Arbeitskreis AE*, GA 2008, 193, 214.

100 Vgl. auch bei *Bernsmann*, JZ 1083, 45, 52: »ein für die Handlung notwendiges Motiv« könne »forensisch-psychologisch [...] kaum exakt quantifiziert werden«; *Jähnke*, in: LK-StGB, Band 5, Vor § 211 (2001) Rn. 37 a.E.: »eine Abwägung nach dem vorherrschenden Motiv bleibt unsicher«.

»Die handlungsleitenden Motive des Angeklagten beim Halsstich waren vielmehr sein Verlangen nach der Schlachtung und Einverleibung eines anderen Mannes. Hierbei diente dem Angeklagten die Einverleibung des Körpers des Schlachtopfers dazu, das Opfer auf Dauer [...] an sich zu binden, was auf das gestörte Bindungserleben des Angeklagten zurückzuführen ist.«[101]

Man kommt dem Landgericht Frankfurt nicht mit dem Hinweis zu Hilfe, bei dem Mordmerkmal »zur Befriedigung des Geschlechtstriebs« sei keine Handlungsleitung nötig. Diese Praxis wäre innerhalb der Rechtsprechung ihrerseits widersprüchlich: Bei der Habgier sowohl wie bei den unbenannten niedrigen Beweggründen muss das besonders verwerfliche Motiv handlungsleitend sein,[102] und bei der Mordlust liegt es in der Natur der Sache, wenn man darunter nur die im Übrigen »zweckfreie Tat« fasst.[103] Dann aber lässt sich eine Gesetzesdeutung vor Art. 3 Abs. 1 GG nicht halten, nach der das Sexualmotiv in der 1. Mordmerkmalsgruppe von lauter niedrigen Beweggründen umgeben ist, die »handlungsleitend« sein müssen,

---

101 Urteil des LG Frankfurt, S. 18 (Feststellungen). – Der Sachverständige *Beier* beschreibt das Motiv so: »Hinsichtlich einer ›Befriedigung des Geschlechtstriebs‹ ist aus forensisch-sexualmedizinischer Sicht anzumerken, dass FRANKYS Motive durchaus auf Befriedigung zielten – aber eben maßgeblich auf Befriedigung seiner ›partnerschaftlichen‹ Bindungssehnsüchte, die er durch die Einverleibung von CATOR erfüllen wollte [...]. Dabei war dieses (hochgradig pathologische) Bindungsmodell bereits vor Eintritt in die Pubertät entfaltet – also noch vor der Ausbildung seiner körperlichen ›Geschlechtsreife‹« (Sexueller Kannibalismus, S. 317). Und: »Es ist aber plausibel anzunehmen, dass ihm [FRANKY] der Bindungsaspekt wichtiger ist als der Lustaspekt« (ebenda, S. 318).

102 BGH, NJW 1981, 932, 933: »Denn das Gesetz ordnet den Qualifikationsgrund der Habgier dem Begriff der niedrigen Beweggründe ein; die Habgier ist lediglich ein gesetzliches Beispiel für einen niedrigen Beweggrund [...] Eine Tat kann deshalb nach ihrem Gesamtbild nur als von Habgier geprägt bezeichnet werden, wenn die Vorstellung des erstrebten Gewinns den Täter entscheidend mitbeeinflußt hat [...]; das Streben nach dem Vorteil muß bei der Tatausführung ›bewußtseinsdominant‹ gewesen sein«. Das Kriterium bestätigt für die »Habgier« die 1. Revisionsentscheidung im Kannibalen-Fall, BGHSt 50, 80, 92. – Für die unbenannten niedrigen Beweggründe vgl. nur BGH, NStZ-RR 2008, 308; *Fischer*, Strafgesetzbuch, § 211 Rn. 15; *Krey / Heinrich*, Strafrecht Besonderer Teil, Band 1, Rn. 28.

103 BGH, NStZ 1986, 454, 455; BGHSt 47, 128, 133 f.; *Jähnke*, in: LK-StGB, Band 5, § 211 Rn. 6.

dies aber allein für das Sexualmotiv nicht zu gelten habe.[104] Da sich die handlungsleitende Wirkung des Sexualmotivs im Fall *Meiwes* weder aus den Tatfeststellungen noch aus der Beweiswürdigung ergibt, vielmehr der Bindungswunsch als handlungsleitend festgestellt worden ist, ist das Urteil in diesem Punkt willkürlich.[105]

d) Das Mordmerkmal: »um eine andere Straftat zu ermöglichen«

aa) Ein besonderer »Beweggrund«

Aus dem oben zum Sexualmotiv Gesagten[106] folgt, dass die Bejahung des Mordmerkmals »um eine andere Straftat zu ermöglichen« im Fall *Meiwes* ebenfalls gegen Art. 3 Abs. 1 GG verstößt, und zwar wegen der Nichtvornahme einer Gesamtwürdigung wie sie bei den unbenannten niedrigen Beweggründen praktiziert wird. In der Rechtsprechung des Bundesgerichtshofs ist es seit langem anerkannt, dass es sich bei dem Merkmal der Ermöglichungsabsicht um einen benannten »niedrigen Beweggrund« handelt.[107] Umstritten ist allerdings, ob das Erfordernis der Gesamtwürdigung auf die Ermöglichungsabsicht zu übertragen ist.[108] Dass dieser Gleichlauf große Vorteile hätte, wird

---

104 In diese Richtung schon *Kreuzer*, StV 2007, 598, 603 linke Spalte oben; deutlich *Mitsch*, JZ 2008, 336, 338 rechte Spalte oben; kritisch auch *Fischer*, Strafgesetzbuch, § 211 Rn. 4: Die Praxis sei »problematisch«.

105 Es steckt übrigens kein Widerspruch darin, dass ich das Kriterium des »handlungsleitenden Motivs« als untauglich verwerfe und gleichwohl seine Anwendung auf das Sexualmordmerkmal fordere. Denn meine Forderung versteht sich auf der Basis der Rechtsprechungsansicht: Wer das Kriterium, wie die Rechtsprechung, bei § 216 Abs. 1 StGB anwendet und dies systematisch aus den Mordmerkmalen ableitet (BGHSt 50, 80, 92), der muss die Mordmerkmale konsequent und willkürfrei anwenden und also den Nachweis der Handlungsleitung auch für das Befriedigungsmotiv des § 211 Abs. 2 StGB verlangen.

106 Unter c aa, S. 27.

107 BGHSt 35, 121, 126 f.; *Groth*, Verdeckungsmord als doppelt motivierter Handlungsakt, S. 117 ff., 185; *Horn*, in: SK-StGB, § 211 (Stand: 2000) Rn. 54; *Jähnke*, in: LK-StGB, Band 5, § 211 (2001) Rn. 2: »Sonderfall der Tötung aus niedrigem Beweggrund«; *Hartmut Schneider*, in: MüKo-StGB, Band 3, § 211 Rn. 163: »Ausprägung der Motivgeneralklausel«.

108 Dagegen *Hartmut Schneider*, in: MüKo-StGB, Band 3, § 211 Rn. 164; wohl auch *Sowada*, JZ 2000, 1035, 1042 f.; *Laber*, MDR 1989, 861, 868; eher dafür BGHSt 35, 116, 126 f.; ausdrücklich dafür *Freund*, JuS 2002, 640, 644; *Gössel / Dölling*, Strafrecht Besonderer Teil 1, § 4 Rn. 86 mit Rn. 21; *Krey / Heinrich*,

sogar von den Gegnern eingeräumt: Die Übertragung erscheine vor dem Hintergrund der verfassungsrechtlich gebotenen restriktiven Auslegung des § 211 StGB kriminalpolitisch begrüßenswert und würde darüber hinaus zur Harmonisierung der Absichtsmerkmale mit der Motivgeneralklausel sowie zu einer gegenseitigen Kontrolle zwischen Motiv- und Absichtsmerkmalen führen.[109]

Diesen Vorzügen entgegengesetzt, um damit die strengere Behandlung der Absichtsmerkmale der dritten Gruppe zu rechtfertigen, wird zunächst ein rein formaler Aspekt: die gesetzestechnische Trennung der Absichtsmerkmale von den Motivmerkmalen, aus der die dogmatische Eigenständigkeit Letzterer abzuleiten sei.[110] Derart formal lässt sich aber die Ungleichbehandlung nicht legitimieren. Das folgt schon aus der beliebigen Umformulierbarkeit der Motiv- und Absichtsmerkmale. Der Gesetzgeber hätte das Mordmerkmal »zur Befriedigung des Geschlechtstriebs« ebenso gut der dritten Mordmerkmalsgruppe zuschlagen können (»... oder um seinen Geschlechtstrieb zu befriedigen«). Alternativ hätte er die dritte Gruppe auch ganz weglassen und deren Merkmale der ersten Gruppe zuschlagen können (»..., zur Ermöglichung oder Verdeckung einer Straftat«). Die geltende Fassung ist aber entweder aus rein sprachlichen Gründen gewählt worden, oder der Gesetzgeber hat die Austauschbarkeit zwischen Motiv- und Absichtsmerkmalen nicht erkannt. In beiden Fällen ist es geboten, die formale Betrachtung zugunsten einer verfassungskonformen, also am Gleichbehandlungsgrundsatz orientierten Auslegung aufzugeben. Denn die Absichtsmerkmale »sind« Motivmerkmale.[111] Das wird sofort sichtbar, wenn ein »ermöglichungsnaher« Fall zu beurteilen

Strafrecht Besonderer Teil, Band 1, Rn. 57; *Rengier*, Strafrecht Besonderer Teil II, § 4 Rn. 67.

109 So zusammenfassend *Hartmut Schneider*, in: MüKo-StGB, Band 3, § 211 Rn. 163.

110 *Jähnke*, in: LK-StGB, Band 5, § 211 Rn. 13; *Laber*, MDR 1989, 861, 868; *Hartmut Schneider*, in: MüKo-StGB, Band 3, § 211 Rn. 164; *Sowada*, JZ 2000, 1035, 1042 f.

111 BGHSt 35, 116, 121; BGH, *Urteil* vom 1.9.2005 – 4 StR 290/05, NJW-Spezial 2006, 138: Dort werden »Rache« und »Verdeckungsabsicht« als »solche Beweggründe« bezeichnet; ganz ähnlich BGH, NStZ-RR 1999, 235; in diese Richtung auch BVerfG 45, 187, 265: Verdeckungsabsicht als »besonders niedrige Gesinnung«.

ist (z.B. die Ermöglichung einer Ordnungswidrigkeit), weil dann nämlich die Ermöglichungsabsicht wie selbstverständlich als niedriger Beweggrund erkannt wird – sofern eine Gesamtwürdigung nicht entgegensteht.[112]

Hartmut Schneider, der die »gegenseitige Kontrolle« der 1. und 3. Gruppe im Grunde begrüßt, will aber die Kontrolle am Ende nur in eine Richtung ausüben: Die Absichten der 3. Gruppe böten »ein Leitbild für das Verständnis bestimmter Fallgruppen der niedrigen Beweggründe«; die Motivgeneralklausel entfalte »eine Auffangfunktion insoweit, als bloße ermöglichungs- und verdeckungsnahe Tötungsfälle wertungsmäßig als Mord angesehen werden können, sofern sie im Lichte der wertbildenden ausgeformten Mordmerkmale vergleichbar sozialgefährlich« seien.[113] Wenn also etwa die Ermöglichung einer Ordnungswidrigkeit im Raum steht, kann dies auch nach *Hartmut Schneider* nur der Motivgeneralklausel subsumiert werden. Bei der Gesamtwürdigung und der darin vorgenommenen Beurteilung der Sozialgefährlichkeit des Täters kann dann herauskommen, dass die Tat *nicht* höchststrafwürdig ist. Was soll aber im Vergleich dazu gelten, wenn die in der Tat sich ausdrückende Sozialgefährlichkeit eines Täters, der eine Straftat ermöglichen wollte, derjenigen Gefährlichkeit des Erstgenannten entspricht, also ebenfalls nicht höchststrafwürdig ist? Dann kann doch eine stimmige, d.h. gleichbehandelnde Lösung nur lauten, dass auch dieser Täter nicht mit lebenslanger Freiheitsstrafe sanktioniert wird. Die »Harmonisierung« und »gegenseitige Kontrolle«, von der oben die Rede war, ist also zur Beachtung des Gleichbehandlungsgebotes nicht nur vorteilhaft, sondern beim schwersten Eingriff in das Freiheitsrecht *unverzichtbar*.[114]

---

112 *Jähnke*, in: LK-StGB, Band 5, § 211 Rn. 9; *Hartmut Schneider*, in: MüKo-StGB, Band 3, § 211 Rn. 198.

113 In: MüKo-StGB, Band 3, § 211 Rn. 164.

114 Es passt auch nicht gut zusammen, wenn Rechtsprechung und einige Autoren für die 3. Mordmerkmalsgruppe die formale Eigenständigkeit betonen, aber nichts dabei finden, sich über die *strikte* Rechtsfolge des § 211 StGB mit der Rechtsfolgenlösung hinwegzusetzen (so aber etwa *Hartmut Schneider*, in: MüKo-StGB, § 211 Rn. 164 bzw. Rn. 39ff., 44).

bb) Beabsichtigte Meiwes *eine Störung der Totenruhe (§ 168 StGB)?*

Die Annahme, *Meiwes* habe getötet, um die Begehung einer »Störung der Totenruhe« (§ 168 StGB) zu ermöglichen, beanstanden die Verfassungsrichter nicht:

»Das – nach den Feststellungen des Landgerichts Frankfurt am Main auch von abfälligen Kommentaren begleitete – Ausweiden und Zerlegen eines menschlichen Leichnams in einzelne Fleischportionen zum Verzehr kann ohne Überdehnung des Wortlauts und in vertretbarer Weise als beschimpfender Unfug angesehen werden«.[115]

An diesen Ausführungen ist zunächst einmal handgreiflich falsch, dass die Verfassungsrichter für die Subsumtion unter »beschimpfenden Unfug« (§ 168 StGB) abstellen auf die abfälligen Kommentare zur Fleischqualität. Die Ermöglichungs*absicht* muss bei Begehung der Tat, also bei der Tötungshandlung vorliegen. Zum Zeitpunkt des Zustechens konnte *Meiwes* die Fleischqualität aber noch gar nicht kennen, wird also auch die abfälligen Kommentare noch nicht beabsichtigt haben.

Die abfälligen Äußerungen subtrahiert, wird es sehr schwierig, das Ausweiden und Zerlegen des *B.*, der sich damit einverstanden erklärt hatte, noch vertretbar als »*beschimpfenden* Unfug« anzusehen. *Meiwes* müsste Miss- oder Verachtung gegenüber dem Verstorbenen kundgetan haben,[116] nach h. M. sogar absichtlich,[117] weil »die Präzisierung des Tatbestandsmerkmals ›beschimpfend‹ ohne Rückgriff auf die

---

115 2 BvR 578/07, Rz. 37.

116 Vgl. bei MüKo-StGB-*Hörnle*, Band 2/2, § 168 Rn. 20.

117 BGH, NStZ 1981, 300. – *Hörnle* erklärt das Absichtserfordernis für »de lege lata kaum vermeidbar«. Man kann sich das klarmachen anhand der von *Knecht* angeführten Amazonasindianer: »Hier werden alte Menschen noch vor dem Erlöschen der Lebenskraft getötet und verzehrt. Auch hier beruht der Fleischgenuss durch die Angehörigen auf der Vorstellung, dass man mit dem Verstorbenen noch inniger vereint ist […]. Diese zeremonielle Tötung wird von den Altersschwachen ausdrücklich gewünscht, da ein solches Gegessenwerden als ehrenvoll betrachtet wird« (Kriminalistik 2004, 489, 491). Wenn der Sinn des Einverleibens gerade die Ehrung der Verstorbenen war, überschritte es den Wortsinn, den kannibalistischen Akt noch als ein »Beschimpfen« zu bezeichnen. Ganz ähnlich liegt es aber bei *Meiwes*, der *B.* durch das Sicheinverleiben in einem gewissen Sinn »ehren« wollte, indem er ihn für wert erachtet hat, eine »unauflösliche Bindung« mit ihm einzugehen.

Motive des Täters kaum möglich« sei.[118] Ganz unverständlich wird die Bejahung einer (beabsichtigten) Störung der Totenruhe (§ 168 StGB), wenn man erfährt, dass der Bundesgerichtshof im Zerstückeln einer Leiche zum unauffälligen Abtransport keinen »beschimpfenden Unfug« gesehen hat;[119] dieser Fall lag obendrein so, dass sich das Opfer zuvor *nicht* mit dem Zerstückeln einverstanden erklärt hatte. Wo soll dann, im Vergleich zu diesem Sachverhalt, im Fall *Meiwes* das Beschimpfen herkommen? Die Begründung der Verfassungsbeschwerde führt zum Fehlen des »Beschimpfens« überzeugend aus:

»Wer sich die Beziehung zwischen dem Beschwerdeführer und dem Getöteten vor Augen führt, wer die Art des Umgangs der beiden Männer miteinander – vor allem in den Stunden vor dem Tod des *B.* – unbefangen würdigt und wer sich klar macht, welche Bedeutung die ›Schlachtung‹ und der Verzehr des Fleisches durch den Beschwerdeführer für *B.* hatte, der erkennt, daß die Handlungen des Beschwerdeführers nichts ›beschimpfendes‹ an sich haben. Die beiden Männer waren einander sympathisch, woran sich bis zuletzt nichts geändert hat. Der Beschwerdeführer wollte mit seinen postmortalen Aktionen gewissermaßen den ›letzten Willen‹ des *B.* erfüllen. Keinesfalls wollte er damit Verachtung gegenüber dem Verstorbenen ausdrücken.«[120]

---

118 So *Hörnle*, in: MüKo-StGB, Band 2/2, § 168 Rn. 20; vgl. auch *Dippel*, in: LK-StGB, Band 5, § 211 (Stand: 2003) Rn. 47; *Herzog*, in: NK-StGB, Band 2, § 168 Rn. 13; *Lenckner*, in: Schönke / Schröder, Strafgesetzbuch, § 168 Rn. 14.

119 BGH, NStZ 1981, 300; zustimmend *Lenckner*, in: Schönke / Schröder, Strafgesetzbuch, § 168 Rn. 10; vgl. auch *Kretschmer*, Der Grab- und Leichenfrevel als strafwürdige Missetat, S. 423: Nekrophile Handlungen sind dann kein »beschimpfender Unfug«, wenn der »tote Körper [...] Gegenstand der Wertschätzung« ist.

120 S. 64 der Begründung. – Der sachverständige Sexualwissenschaftler *Beier* führt zum Willen des *B.* aus: »CATOR fühlte sich – trotz seiner Erfolge und seines Könnens im technischen Bereich – als ›absolutes Nichts‹ und wollte diesem Gefühl Ausdruck verleihen. Er wollte als ein absolutes Nichts enden (›nullofiziert‹ werden). Ihm wäre nichts unangenehmer gewesen, als auf die jetzt eingetretene Art und Weise in den Blickpunkt der Öffentlichkeit zu rücken. Und er hätte es FRANKY sehr verübelt, dass dieser nicht imstande gewesen war, ihn restlos verschwinden zu lassen« (Sexueller Kannibalismus, S. 301). Dies hat er auch in seinem gerichtlichen Gutachten dargelegt, denn in seiner Einleitung heißt es: Er habe »die bereits im Rahmen der Hauptverhandlung dargelegten Zusammenhänge hier nochmals, für einen größeren Leserkreis aufbereitet« (ebenda., S. 2).

Hingegen verwies das Landgericht Frankfurt darauf, dass das Opfer durch das Verzehren einem »Nutztier« gleichgestellt werde.[121] Dieser Hinweis überzeugt aber nicht, wenn man sich vor Augen führt, dass es sehr wohl erlaubt ist, einen Leichnam zu plastinieren und ihn, wie in den »Körperwelten«, zum Objekt einer Ausstellung zu machen.[122] In einer solchen Show ist der Verstorbene nur noch ein »Ausstellungsstück«, Teil eines »Leichenzoos« und also ebenfalls »Nutztier«. Würde der Veranstalter der Körperwelten eine Person mit deren Einverständnis töten, um ein besonderes Ausstellungsobjekt zu erlangen (etwa einen hünenhaften Mann), schiede Ermöglichungsmord aus, weil das Plastinieren und Ausstellen den § 168 StGB nicht verwirklichte. Warum für die Verspeisungsabsicht etwas anders gelten soll, bleibt im Dunkeln.

Nicht nur zur Auslegung des Beschimpfens hat der Beschwerdeführer etwas darlegen lassen, sondern er hat auch einen Einwand gemacht, der das »Schutzgut« des »Pietätsgefühls der Allgemeinheit« im Fundament erschüttert:

»Strafrechtsdogmatisch ist weiterhin relevant, daß das Einverständnis des Getöteten in bezug auf das geschützte individuelle Rechtsgut den individualgutsbezogenen (Teil-)Unrechtsgehalt auslöscht. Damit bleibt höchstens noch ein ›Rest-Unrecht‹ wegen der Verletzung des angeblichen überindividuellen Rechtsguts ›Pietätsgefühl der Allgemeinheit‹. Dieses Rest-Unrecht reicht aber nicht für eine vollständige Straftat. [...] Der Bundesgerichtshof und das Landgericht Frankfurt am Main verleihen dem Rechtsgut ›Pietätsgefühl der Allgemeinheit‹ zudem einen verfassungsrechtlich unhaltbaren *paternalistischen* Charakter. Da das Pietätsgefühl auch durch Handlungen an dem Leichnam verletzt sein soll, mit denen sich der Verstorbene vor seinem Tod ausdrücklich einverstanden erklärt hat, wendet sich der Schutz dieses Rechtsguts nicht nur gegen den Täter, sondern auch gegen sein Opfer – den Verstorbenen. Damit bestreitet die ›Allgemeinheit‹ das Recht des Einzelnen, selbst über die Modalitäten seiner Bestattung oder eines sonstigen Umgangs mit seiner Leiche zu bestimmen. Dieses Selbstbestimmungsrecht ist legitimerweise aus Gründen der Sicherheit und Ordnung – z. B. seuchenpolizeilicher Art – durch das Bestattungsrecht der Länder beschnitten. Eine Beschneidung aus allgemeinen Pietätsgründen ist aber vor dem Grundgesetz nicht zu rechtfertigen. So wenig, wie das Strafrecht den eigenverantwortlich

---

121 Urteil des LG Frankfurt, S. 48 (rechtliche Würdigung).

122 VGH München, NJW 2003, 1618.

entscheidenden Menschen vor gewollter Verstümmelung zu Lebzeiten – von den Ausnahmefällen des verfassungsrechtlich fragwürdigen § 228 StGB abgesehen – schützen darf, so wenig darf es ihn nach seinem Tode vor Verstümmelung seines Leichnams schützen.«[123]

Streng betrachtet ist das »Pietätsgefühl der Allgemeinheit« eine untaugliche »Leerformel«[124], und es wäre vor allem zu fragen gewesen, ob ein solcher Gefühlsschutz überhaupt ein »legitimer Zweck« im Sinn der Verhältnismäßigkeitsprüfung ist.[125] Das alles lässt der Beschluss des Bundesverfassungsgerichts unbeantwortet, all diese Fragwürdigkeiten, auf die der Beschwerdeführer hinweist, sind für den Dreierausschuss »nicht ersichtlich«.[126] Der Richterspruch ist freilich insofern konsequent, als das Bundesverfassungsgericht auch nichts gegen die Bestrafung homosexueller Handlungen nach § 175 StGB a.F. zu erinnern hatte.[127] Ist diese Bestrafung erlaubt, sind alle Dämme gebrochen und Grenzen nicht mehr konsistent zu ziehen. Weil aber § 175 StGB a.F. heute vom Bundesverfassungsgericht (doch hoffentlich) anders beurteilt werden würde, müsste das Bundesverfassungsgericht sich der schwierigen Aufgabe annehmen und also einmal eine Verfassungslehre der legitimen Strafzwecke entwickeln. Im Fall *Meiwes* stand insoweit das »Pietätsgefühl der Allgemeinheit« in Rede. Die Verfassungsrichter hätten daher den Rügen des Beschwerdeführers Gehör schenken sollen.

---

123 Begründung der Verfassungsbeschwerde, S. 64f. – Hervorhebung dort.

124 *Hörnle*, in: MüKo-StGB, Band 2/2, § 168 Rn. 20; vgl. auch *Kretschmer*, Der Grab- und Leichenfrevel als strafwürdige Missetat, S. 274ff.; speziell zum Fall *Meiwes* kritisch *Kubiciel*, JA 2005, 763, 766.

125 Dazu *Hörnle*, Grob anstößiges Verhalten – Strafrechtlicher Schutz von Moral, Gefühlen und Tabus, S. 78ff., 358ff.; aus dem breiten angelsächsischen Schrifttum etwa *Feinberg*, Offense to Others, 1985; *von Hirsch*, King's College Law Journal 2000, 82ff.

126 2 BvR 587/07, Rz. 40.

127 BVerfGE 36, 41; 6, 389; 4, 110.

e) Die Verletzung des Schuldgrundsatzes – die Tat- und Schuldunangemessenheit der Strafe

aa) Doppelverwertungen und Beurteilungsfehler

Das Landgericht Frankfurt prüft in seiner Urteilsbegründung, ob es im Wege der »Rechtsfolgenlösung« die Strafe aus § 211 Abs. 1 StGB nach § 49 Abs. 1 StGB aufgrund »außergewöhnlicher Umstände« mildert. Wegen des Umstands, dass *Meiwes* mit der Tötung das Sterbeverlangen des Opfers erfüllt hat, stuft das Landgericht Frankfurt den Sachverhalt als »Sonderfall« der Tötung ein. Gleichwohl führe *Meiwes'* Respekt vor dem Willen des Opfers nicht zu der Annahme, es liege ein seltener Ausnahmefall im Sinn der Rechtsfolgenlösung vor. Der Dreierausschuss des Bundesverfassungsgerichts billigt das:

»Auch die Erwägung, die lebenslange Freiheitsstrafe sei im Fall des Beschwerdeführers trotz des Einverständnisses tat- und schuldangemessen, weil der Beschwerdeführer aus eigensüchtigen Motiven heraus gehandelt und keine Reue für seine Tat gezeigt, vielmehr nach der Tat sofort nach weiteren Opfern gesucht habe, zeugt nicht von einer Verkennung verfassungsrechtlicher Grundsätze.«[128]

Unerwähnt lassen die Verfassungsrichter, dass das Landgericht Frankfurt auch auf das Vorliegen *zweier* Mordmerkmale abgestellt hatte.[129] Das Landgericht hat damit allerdings einen Umstand doppelt verwertet und gegen § 46 Abs. 3 StGB und gegen das Schuldprinzip verstoßen. Die Mordmerkmale erfassen jeweils einen »niedrigen Beweggrund«. Sie in irgendeiner Weise bei der Strafbestimmung beide zu verwerten, würde den Täter wiederum sachwidrig ungleich behandeln gegenüber einem anderen Täter, der nur das Generalmotivmerkmal erfüllt, obwohl sich zwei verwerfliche Einzelbeweggründe finden (z. B. Rassenhass und Ermöglichung einer Ordnungswidrigkeit). Auch ist das Missverhältnis zwischen Anlass und Erfolg der Tat nicht deswegen krasser und der Täter ist nicht deswegen gefährlicher, weil er zwei gleich verwerfliche Beweggründe aufweist, und umgekehrt soll nicht derjenige eher auf eine Milderung hoffen dürfen, der allein aus Rassenhass tötet.[130]

---

128 2 BvR 587/07, Rz. 39.

129 Urteil des LG Frankfurt, S. 51 (rechtliche Würdigung).

130 Mit anderer Begründung sehen auch *Mommsen / Jung* die straferschwe-

In verfassungsrelevanter Weise fehlerhaft ist auch das Abstellen des Landgerichts auf die »Eigensucht« des Täters. Die Richter hatten sich den beiden Gutachtern angeschlossen, die eine schwere seelische Abartigkeit und eine krankhafte Persönlichkeitsstörung ausgemacht hatten. Die »Eigensucht« hat demnach einen *krankhaften* Ursprung. Das Landgericht Kassel hatte in seinem Urteil obendrein ausgeführt, dass »die Krankheit nicht vorwerfbar« sei.[131] Dies ergibt sich auch aus dem Urteil des Landgerichts Frankfurt, weil der Angeklagte nach den Feststellungen schon »*seit seiner Kindheit* an einer psychiatrisch-psychologisch relevanten Störung der Sexualpräferenz in Form eines Fetischismus« (Männerfleisch) sowie an einer »schizoiden Persönlichkeitsstörung« leide.[132] Man kann daher zugespitzt sagen, dass die Einwilligung des Opfers nach Ansicht der Frankfurter Richter der Tat letztlich deswegen nicht die besondere Verwerflichkeit nimmt, weil der Täter krank ist![133]

Über diesen Gesichtspunkt hinaus liegt eine weitere Misslichkeit darin, dass die Strafgerichte den Regelfall des Mordes aus nied-

---

rende Berücksichtigung der Verwirklichung zweier Mordmerkmale von § 46 Abs. 3 StGB gesperrt: »Da hier eine in objektiver und subjektiver Hinsicht vollständige Überschneidung verschiedener Alternativen eines Qualifikations- oder Regelbeispiel-›Tatbestandes‹ vorliegt, würde eine zweifache Verwertung innerhalb der Strafzumessung des § 211 StGB zumindest dem Gedanken des Doppelverwertungsverbotes [...] widersprechen« (ZIS 2007, 162, 165).

131 Vgl. dazu bei *Kreuzer*, StV 2007, 598, 605 rechte Spalte mit Verweis auf S. 210–215 des Kasseler Urteils.

132 S. 33 (Hervorhebung nur hier); vgl. auch bei *Kreuzer*, ebenda; bei *Beier* heißt es zu dem Umstand, dass *Meiwes* in seiner Kindheit einen imaginären Bruder für sich »erfunden« hat: »Ein Phantasiegefährte ist zwar ein Indikator für einen Konflikt, aber nicht das Ergebnis eines willentlichen Entschlusses; er tritt beim Kind mit einer gewissen Eigenmächtigkeit und Unvorhersehbarkeit auf. Es handelt sich gar nicht so sehr um ein ›Erfinden‹, sondern um ein Zurkenntnisnehmen dieses Gefährten als eine Art Teilstück im fortlaufenden Prozess der Selbstfindung des Kindes« (Sexueller Kannibalismus, S. 269).

133 Zumal die Richter wegen der »Intensität« der Sexualpräferenz die Störung für »nur sehr schwer therapierbar« halten (S. 34 des Urteils). Aus diesem und anderem Grund wird unverminderte Schuldfähigkeit in Zweifel gezogen – etwa von *Schiemann*, NJW 2005, 2350, 2351f. und *Kreuzer*, StV 2007, 598, 603 mit Fn. 45, der weiter eine Ungleichbehandlung darin findet, dass anders als im Fall *Bartsch* (BGHSt 23, 176ff.) der 2. *Strafsenat* des BGH nicht die Begutachtung durch einen besonders kompetenten, kannibalen-erfahrenen Gutachter verlangt hat.

rigen Beweggründen nicht im Auge behalten. Das hätte nämlich die Erkenntnis befördert, dass sämtliche niedrigen Beweggründe, also auch die speziellen, gekennzeichnet sind »durch hemmungslose, triebhafte *Eigensucht*«[134] des Täters. Der Leitsatz eines Urteils des *4. Strafsenats* drückt das so aus:

»Die Verfolgung eigener Interessen und ein Missverhältnis zwischen Anlass und Tat sind der Regelfall einer vorsätzlichen rechtswidrigen Tötung eines anderen und reichen zur Bejahung ›niedriger Beweggründe‹ nicht aus. Vielmehr muss die Tat von besonders krasser Selbstsucht geprägt sein.«[135]

Gehört die Selbstsucht aber schon zum Merkmal des gesetzlichen Mordtatbestandes, darf man sie nicht erneut herbeiziehen, um sie den ganz außergewöhnlichen, mildernden Umständen entgegenzusetzen (§ 46 Abs. 3 StGB) – wie man in einem Haustyrannenfall der mildernden Drangsal nicht entgegensetzen dürfte, dass die Täterin die Arglosigkeit des Opfers ausgenutzt habe. Weil das Landgericht Frankfurt genau so verfahren ist, liegt darin wiederum eine das Schuldprinzip verletzende und verfassungswidrige Doppelverwertung der (angeblichen) Niedrigkeit.[136]

Ein zusätzlicher Beurteilungsfehler findet sich, wo das Landgericht Frankfurt einen »Irrtum« des Täters für irrelevant erklärt:

»Zwar mag unterstellt werden, dass der Angeklagte seine Tat [...] als Tötung auf Verlangen qualifizierte, [...]. *Der Irrtum* des Angeklagten über [...] die strafrechtliche Einordnung der Tat als [...] Tötung auf Verlangen *ist strafrechtlich* als unbeachtlicher Subsumtionsirrtum *bedeutungslos.*«[137]

Dass diese Wertung das Schuldprinzip verletzt, hätten die zur Entscheidungsfindung berufenen Verfassungsrichter leicht erkennen

---

134 BGHSt 3, 132 f.; ständige Rechtsprechung; zuletzt BGH, NStZ-RR 2008, 308. *Kindhäuser* stellt den Fällen krasser Eigensucht die der nicht nachvollziehbaren Reaktion zur Seite (Strafrecht Besonderer Teil I, § 2 Rn. 18). M.E. sind auch diese Fälle auf Eigensucht zurückzuführen, so etwa wenn die zur Tat motivierende Eifersucht des Täters sich aus seinem Narzissmus erklärt.

135 NStZ-RR 2008, 308.

136 Ganz abgesehen von der Widersprüchlichkeit, dass das Landgericht Frankfurt die besondere Verwerflichkeit an anderer Stelle verneint hatte (vgl. oben S. 26, im Text unter b nach Fn. 70).

137 Urteil des LG Frankfurt, S. 51 (rechtliche Würdigung).

können. Der Prozessbevollmächtigte hatte es in der Begründung der Verfassungsbeschwerde dargelegt:

»Unter Schuldgesichtspunkten macht es einen erheblichen Unterschied, ob der Täter das Unrechtsquantum eines Mordes, eines Totschlags oder einer Tötung auf Verlangen vor Augen hat. Die Hemmschwellen sind unterschiedlich hoch. Dementsprechend ist der Grad der Vorwerfbarkeit abhängig von der Schwere des Straftatbestandes, auf den sich das anerkanntermaßen ›tatbestandsbezogene‹ oder ›teilbare‹ Unrechtsbewußtsein richtet. [...] Es trifft zu, daß sich daraus für den Schuldspruch keine Konsequenzen ableiten lassen. [...] Allerdings darf dieser Befund nicht als völlige strafrechtliche Bedeutungslosigkeit des quantitativen Aspekts mißverstanden werden. Im Gegenteil: Das *Schuldprinzip* gebietet, daß jeder Straftäter nur nach dem Maß seiner persönlichen Schuld und nicht darüber hinaus bestraft wird. Sofern sich also ein unrechts- oder schuldmindernder Umstand nicht schon in den Strafbarkeitsvoraussetzungen niederschlägt, muß er auf der Rechtsfolgenseite, bei der Strafrahmenwahl (§ 49 StGB, § 213 StGB) oder bei der Strafzumessung (§ 46 StGB) zugunsten des Täters verwertet werden.«[138]

Damit verweist der Prozessbevollmächtigte auf die in Rechtsprechung und Lehre völlig unbestrittene Sicht, dass das Unrechtsbewusstsein »tatbestandsbezogen« und »teilbar« ist.[139] Und »unter Schuldgesichtspunkten macht es gewiss einen erheblichen Unterschied, ob der Täter das Unrechtsquantum eines Mordes, eines Totschlags oder einer Tötung auf Verlangen vor Augen hat.«[140] Es stimmt bedenklich, dass der Beschwerdeführer mit dieser Darlegung, die meines Erachtens die Verkennung und Verletzung des Schuldgrundsatzes zwingend herleitet, bei den Verfassungsrichtern kein Gehör gefunden hat.

Betrachtet man die schwere seelische Abartigkeit des *Meiwes* zusammen mit dem – von der Frankfurter Strafkammer zu seinen Gunsten unterstellten – Irrtum, dann sieht man einen Sachverhalt, der sich in relevanten Punkten deckt mit einem Fall, den der Bundesgerichtshof im Jahr 1981 entschieden hat. Das Landgericht Krefeld hatte es abgelehnt, einen Mann, der seine Exfreundin absichtlich mit

---

138 Begründung der Verfassungsbeschwerde, S. 47 f.

139 Vgl. nur BGHSt 10, 35; 15, 377, 383; *Vogel*, in: LK-StGB, Band 1, § 17 Rn. 21; *Wessels / Beulke*, Strafrecht Allgemeiner Teil, Rn. 428.

140 *Mitsch*, ZIS 2007, 197, 198.

zwei gezielten Schüssen getötet hatte, wegen Mordes aus niedrigen Beweggründen zu verurteilen. In dem von der Staatsanwaltschaft angestrengten Revisionsurteil gibt der Bundesgerichtshof die Begründung des Landgerichts Krefeld wie folgt wieder:

Die Strafkammer »lehnt [...] eine Verurteilung wegen Mordes aus niedrigen Beweggründen schließlich deshalb ab, weil dem Angekl. nach seiner von zwei Sachverständigen – einem Psychiater und einer Psychologin – begutachteten, auf einer unverschuldeten Fehlentwicklung beruhenden Persönlichkeit die Fähigkeit fehlte, seine Motive ›als besonders tiefstehend, verachtenswert, verwerflich zu erkennen und sich damit selbst – in der Laiensphäre parallel wertend – als Mörder zu erkennen‹.«[141]

Sehr aufschlussreich ist dann die Begründung, mit der die Bundesrichter die Verneinung des Mordtatbestandes nicht nur gelten lassen, sondern für zwingend erachten:

»In diesen Erwägungen ist ein Rechtsfehler nicht zu erkennen. [...] Wenn der Tatrichter, wie hier, davon überzeugt ist, daß die besondere Persönlichkeitsstruktur des Täters ihn außerstande setzt, irgendeines der als möglich in Betracht kommenden Motive als niedrig zu erkennen, so braucht er über die objektive Niedrigkeit der Motivation des Täters nicht zu entscheiden. Denn in einem solchen Fall kann eine Verurteilung wegen Mordes im Hinblick auf das Schuldprinzip auch dann nicht ausgesprochen werden, wenn jene Motivation niedrig ist. Das hat die StrK zutreffend erkannt.

Unbegründet ist auch der Vorwurf der Revision, das LG habe sich nicht ausreichend mit den möglichen Motiven des Angekl. und mit seiner Persönlichkeitsartung auseinandergesetzt. Bei dem von ihr als zusätzlicher, vom LG nicht abgehandelter Beweggrund angeführten Egoismus handelt es sich in Wahrheit um die außergewöhnliche Eigenart des Angekl., aus der seine von der StrK als möglich erachteten Handlungsantriebe stammen. Das hat die StrK durchaus erkannt. Daß sie diese Egozentrik des Angekl. als Grund für die Ablehnung der Mordqualität seines Handels anerkennt, kann nicht mit der Erwägung der Revision bekämpft werden, der aus Eigensucht handelnde Täter setze sich bei dieser Auffassung um so weniger dem Mordvorwurf aus, je stärker sich die Eigensucht in seinem Charakterbild verfestigt habe. Diese Erwägung läßt die Feststellungen des LG außer Acht. Danach liegt bei dem Angekl. eine entwicklungsbedingte Persönlichkeitsstörung vor, die so erheblich ist, daß sie als schwere seelische Abartigkeit zu werten ist. Diese Störung beeinträchtigt zwar nicht die Schuldfähigkeit des Angekl.,

141 NStZ 1981, 258, 259.

setzt ihn aber außerstande, seine Situation und seine Umwelt realistisch zu sehen. Eine derart ungewöhnlich ausgeprägte Egozentrizität kann mit der fast jeden Täter beeinflussenden Eigensucht nicht verglichen werden, die den Mordvorwurf in der Tat nicht hindern würde, weil sie das Wertungsvermögen nicht beeinträchtigt. Hier ist ausdrücklich festgestellt, daß der Angekl. nicht mehr die Fähigkeit besaß, sein Verhalten angesichts der in Betracht kommenden Beweggründe zutreffend als niedrig zu werten. Das muß ein Strafrecht, das am Schuldprinzip ausgerichtet ist, zugunsten des Täters [...] berücksichtigen.«[142]

Diese Ausführungen hätten im Fall *Meiwes* sowohl der 2. *Strafsenat* des Bundesgerichtshofs als auch der Dreierausschuss des Bundesverfassungsgerichts fast wörtlich übernehmen können, um die Verurteilung wegen Mordes für unverhältnismäßig zu erklären. Denn die Frankfurter Strafkammer hatte unterstellt, dass *Meiwes* nur das Unrecht einer Tötung auf Verlangen erkannt hatte, und die »schwere seelische Abartigkeit« wird diesen »Irrtum« zumindest begünstigt haben. So wie dem Täter im Krefelder Fall fehlte *Meiwes* die Einsicht in die Niedrigkeit seines Tuns aufgrund seiner geistig-seelischen Verfassung,[143] und dieser »Irrtum« war, weil er zumindest auch auf der schon im Kindesalter einsetzenden Persönlichkeitsstörung beruhte, nicht vorwerfbar. Die Frankfurter Strafkammer berücksichtigt diese Umstände nicht. Auch das lässt erkennen, dass die Verurteilung wegen Mordes und zu lebenslanger Freiheitsstrafe *nicht*, wie es das Grundgesetz verlangt, »am Schuldprinzip ausgerichtet ist«.

bb) Regelfälle – Ausnahmefall

Ein weiterer Verstoß gegen den Schuldgrundsatz liegt darin, dass keines der Gerichte Vergleiche zum Regelfall des Mordes zieht. Denn selbst der Dreierausschuss führt aus, »dass Tatbestand und Rechtsfolge gemessen an der Idee der Gerechtigkeit sachgerecht aufeinander

---

142 NStZ 1981, 258, 259.

143 Der BGH verlangt für die Zuschreibung niedriger Beweggründe, dass der Täter in dem Bewusstsein der Niedrigkeit handelt, dass ihm also »die Einsicht in die Niedrigkeit seiner Beweggründe auf Grund seiner geistig-seelischen Verfassung nicht versperrt ist« (NStZ-RR 2000, 333; NStZ-RR 2004, 44). Das Bewusstsein der Niedrigkeit fehlt zwingend, wenn der Täter seiner Tat nur den Unwert einer Tötung auf Verlangen beimisst.

abgestimmt sein müssen«.[144] Was aber heißt in diesem Sinn »gerecht« denn anderes als eine Orientierung am Gleichbehandlungsgebot?[145] Die »Gerechtigkeit« würde der Strafzumessung, denkt man sie abstrakt, kaum eine Grenze setzen; erst wenn man eine »spiegelnde Strafe« überschritte, käme es zur Ungerechtigkeit. So aber ist es vom Verfassungsgericht ja offenkundig nicht gemeint, denn sonst käme bei der Bestrafung von Tötungsdelikten »Ungerechtigkeit« erst in Betracht, wo die Strafe eine einfache, also nicht grausame Todesstrafe an Schwere überböte. Eine abstrakt gedachte Gerechtigkeit führt demnach nicht weiter. Ob das Gebot gerechten Schuldausgleichs beachtet wurde, kann vielmehr nur systemimmanent überprüft werden. Der Dreierschuss erkennt das in der Sache selber an, wo es ihm für die Schuldangemessenheit der Strafe darauf ankommt, dass sich die Tötung in Ermöglichungsabsicht von anderen Totschlagsdelikten in der Regel unterscheidet.[146] In einem früheren Beschluss hat das Bundesverfassungsgericht dies wie folgt konkretisiert:

»Wo der Gesetzgeber, wie in § 211 I StGB eine absolute Strafe angedroht hat, ist der Verhältnismäßigkeitsgrundsatz stets dann gewahrt, wenn die absolute Strafe für eine Tat verhängt wird, die *vom Regelfall nicht wesentlich abweicht*. Die lebenslange Freiheitsstrafe im Fall des § 211 I StGB kann [...] unverhältnismäßig sein, wenn eine Gesamtwürdigung des konkreten Falls infolge ganz außergewöhnlicher Umstände zu der Schlußfolgerung drängt, daß die Einzeltatschuld *deutlich milder* zu beurteilen ist *als die Schuld des Mörders im Durchschnittsfall*.«[147]

Auch für den Bundesgerichtshof ist es bei Bewertung der Tatangemessenheit der Strafe ganz selbstverständlich, den Blick auf »vergleichbare Fälle« zu richten. Der *4. Strafsenat* hat kürzlich eine Verurteilung wegen Totschlags zu elfeinhalb Jahren Freiheitsstrafe aufgehoben – die Täterin hatte ihr vier Stunden altes, gesundes Kind getötet, weil es von einem verheirateten Mann stammte, den sie liebte und von dem sie annahm, er wolle das Kind nicht:

---

144 BvR 578/08, Rz. 28.

145 *Neumann*, in: Jung/Neumann (Hrsg.): Rechtsbegründung – Rechtsbegründungen, S. 118, 122; ähnlich *Jung*, JZ 2004, 1155, 1157; vgl. auch BVerfGE 45, 187, 268.

146 2 BvR 587/07, Rz. 38.

147 NJW 1980, 1943, 1944 – Hervorhebungen nur hier.

»Der Schuldausspruch ist aufzuheben, weil [...] bei Abwägung der strafmildernden und der strafschärfenden Gesichtspunkte die verhängte Freiheitsstrafe unvertretbar hoch ist, *das für vergleichbare Fälle übliche Maß* erheblich überschreitet, *damit den Anforderungen an einen gerechten Schuldausgleich nicht mehr entspricht* und deshalb rechtsfehlerhaft ist [...]. Nach den Erkenntnissen des Senats halten sich die in einschlägigen Fällen gegen die Kindesmütter verhängten Strafen deutlich unterhalb der hier erkannten Freiheitsstrafe.«[148]

Mustergültig betreibt der *4. Strafsenat* hier eine am Schuldprinzip orientierte Würdigung des Falles: keine allgemeine und blasse Stellungnahme über die Verwerflichkeit, sondern ein Sich-Binden an die systematischen Vorgaben des praktizierten Strafsystems!

In diesem Zusammenhang hätte im Fall *Meiwes* nichts näher gelegen, als einen Vergleich anzustellen mit dem zweiten Fall von Tötung und Kannibalismus aus Berlin-Neukölln.[149] Dies hatte nach der ersten Revisionsentscheidung des Bundesgerichtshofs bereits *Kreuzer* angemahnt: »Schließlich setzt sich der BGH nicht mit der durch seine Entscheidung bedingten Gleichstellung des Berliner und des Rotenburger Falles von Kannibalismus auseinander. Es soll gleichermaßen Mord sein, wenn sich der Täter dort über den Lebenswillen des Opfers heimtückisch hinwegsetzt, hier aber dessen Willen unbedingt respektiert.«[150] Es ist schon auffällig, dass alle, die *Meiwes* für unverhältnismäßig bestraft befinden, auf den Berliner Fall hinweisen, dass hingegen alle, die lebenslänglich für schuldangemessen halten, sich diesem Vergleich nicht stellen.

Hat man sich erst einmal auf den Erkenntnisgewinn besonnen, den der Vergleich mit dem Regelfall verschafft, führt die Begründung der

---

148 NStZ-RR 2008, 308, 309 – mit Verweis auf BGHR StGB § 46 Beurteilungsrahmen 9, 11, 12 (Hervorhebung nur hier). Das Landgericht habe der Angeklagten zu Recht ihre »Persönlichkeitsstörung mit schizoiden und emotional instabilen Anteilen« sowie ihre körperliche Erschöpfung zu Gute gehalten; schließlich sei die psychische Verfassung in der Tatsituation geprägt gewesen von »Gefühlen der Angst, Ratlosigkeit und Verzweifelung«.

149 Das Landgericht Berlin sah die Schuldfähigkeit des Täters erheblich gemindert (§ 21 StGB), verhängte 13 Jahre Freiheitsstrafe und ordnete die Unterbringung in einem psychiatrischen Krankenhaus an (SpiegelOnline vom 10.5.2005, http://www.spiegel.de/panorama/0,1518,355377,00.html, Stand: 10.5.2009).

150 StV 2007, 598, 603 linke Spalte.

Verfassungsbeschwerde den Verstoß gegen das Schuldprinzip sehr klar vor Augen:

»Besonders prägnant werden die Gründe für die Höchststrafwürdigkeit einer Tötung zur Befriedigung des Geschlechtstriebs von *Hartmut Schneider* [...] herausgearbeitet: ›Die Höchststrafwürdigkeit dieses Verhaltens folgt aus der sozialschädlichen maßlosen Rücksichtslosigkeit des Täters bei der Verwirklichung seiner sexuellen Alltagsinteressen. Die hierin zu Tage tretende absolute Mediatisierung des Rechtsguts *Leben* wird von den Rechtsgenossen als besonders gemeinschaftsbedrohlich empfunden, weil sich die sexuell motivierte vorsätzliche Tötung von den als wertpositiv begriffenen sozialen Verhaltensmustern extrem weit entfernt. Zudem entsteht durch die Verdinglichung des Opfers der die Kriminalitätsfurcht fördernde sozialpsychologische Eindruck der Beliebigkeit der Tat.‹

Dies alles trifft auf die Tat des Beschwerdeführers nicht zu: Der Beschwerdeführer hat nicht ›maßlos rücksichtslos‹ gehandelt. Er hat nichts getan, was sein Partner *B.* nicht wollte. Der Beschwerdeführer hat das Rechtsgut Leben nicht ›absolut mediatisiert‹. Vielmehr hat er sich dem Willen des *B.* angepaßt, diesen also als Mitmenschen mit eigenen Bedürfnissen und einem eigenen Willen respektiert. Das Verhalten des Beschwerdeführers wird auch nicht ›von den Rechtsgenossen als besonders gemeinschaftsbedrohlich empfunden‹. Der Beschwerdeführer tut niemandem etwas zuleide, der sich nicht freiwillig auf sexuelle Interaktionen mit ihm einläßt. Gerade weil die Begleitumstände der Tat des Beschwerdeführers so bizarr sind, fühlt sich der ›normale‹ Durchschnittsbürger davon nicht bedroht.«[151]

Ganz ähnlich hatte schon *Kreuzer* betont:

»Höchstes Maß an Abscheulichkeit ja, aber nicht höchste moralische *Verwerflichkeit.* Denn das Geschehen ist als Ausdruck *krankhafter*, eben reziprok abartiger Persönlichkeitsstörungen zu beurteilen. Es entzieht sich als ›maximal Fremdes‹ unserem Verstehen. Und der Täter ist nicht rigoros rücksichtslos wie ›der Mörder‹. Vielmehr nimmt er gerade auf alle Wünsche des Opfers Rücksicht.«[152]

Um beurteilen zu können, ob die Abweichung vom Regelfall »wesentlich« ist, muss man, wie der Prozessbevollmächtigte und *Kreuzer*

---

151 Begründung der Verfassungsbeschwerde, S. 58 unter Bezugnahme auf *Hartmut Schneider*, in: MüKo-StGB, § 211 Rn. 53. Ähnlich wie *Schneider* begründet der *Arbeitskreis AE* die Höchststrafwürdigkeit des Sexualmotivs, GA 2008, 193, 234 f.

152 StV 2007, 598, 602 linke Spalte (Hervorhebung dort).

es tun, die Gründe für die Strafschärfung betrachten. Dies fehlt im Beschluss des Bundesverfassungsgerichts völlig, obwohl es die Begründung der Verfassungsbeschwerde vorgemacht hatte. In dem Zusammenhang hätte man also eine echte Prüfung der Verhältnismäßigkeit erwarten dürfen. Wenn beim Sexualmord die lebenslange Freiheitsstrafe aus den von *Hartmut Schneider* zusammengetragenen Gründen »erforderlich« ist, dann sollte das Bundesverfassungsgericht zumindest aufzeigen, dass diese Gründe in diesem »Sonderfall« eingreifen. Da sie hier in Wahrheit fehlten, konnte das freilich nicht gelingen.

cc) Beurteilungsspielraum, Spielraumtheorie, Gewicht des Sterbeverlangens

Doch auch jenseits des Vergleichs verschiedener Tötungsdelikte lässt sich die Verletzung des Schuldgrundsatzes aufzeigen. Dafür dienlich ist es, sich die mögliche Sanktionsspanne im Fall *Meiwes* klarzumachen – wie der Dreierausschuss sie gutheißen müsste: Vermutlich kann man das vom Landgericht Kassel verhängte Strafmaß von achteinhalb Jahren Freiheitsstrafe, bei Annahme eines Totschlags, vertretbar nennen. Es verhält sich aber so, dass die strafschärfenden Mordmerkmale ausschließlich »Motive« betreffen; und »Beweggründe und Ziele des Täters« sind in der Strafzumessung auch bei der Bewertung eines Totschlags zu veranschlagen (§ 46 Abs. 2 StGB). Das Landgericht Kassel hätte also, wären die Erschwerungsgründe derart schwerwiegend, auf 15 Jahre Freiheitsstrafe oder gar lebenslänglich (§ 212 Abs. 2 StGB) erkennen können und sollen, denn – ob man Mord oder Totschlag annimmt – die Motive bleiben dieselben und ihr Gewicht soll ja sogar die lebenslange Freiheitsstrafe vertretbar machen.[153] Doch auch dieser Spielraum von sechseinhalb Jahren bzw. von über zehn Jahren bei lebenslänglich erscheint viel zu weit. Erinnern wir uns: Der *4. Strafsenat* ist im Fall der Kindestötung bei einer Freiheitsstrafe von elfeinhalb Jahren eingeschritten, und das neue Tatgericht wird, wenn es sich an das für solche Taten übliche Strafmaß hält, eine Freiheitsstrafe um sechs Jahre verhängen.[154]

---

153 Das Landgericht Kassel hat die Möglichkeit, einen besonders schweren Fall des Totschlags anzunehmen (§ 212 Abs. 2 StGB) und auf lebenslange Freiheitsstrafe zu erkennen, anscheinend nicht erwogen.

154 Vgl. etwa BGH, NStZ-RR 2000, 330; auch NStZ-RR 2007, 267.

Wenn der Spielraum für eine schuldangemessene Strafe dort deutlich kleiner ist, kann er im Fall *Meiwes* nicht von achteinhalb Jahren bis lebenslänglich reichen. Wenn der Schuldgrundsatz diese Spannen gelten ließe, die Strafrichter diesen »Spielraum« hätten, dann wäre die ständige Betonung eines Prinzips der schuldangemessenen Bestrafung bei vorsätzlichen Tötungen deplatziert. Auswirken könnte sich das Prinzip nämlich nur, wenn drakonische Strafen für leichte Delikte verhängt werden würden. Weil es aber die gemeinsame Prämisse ist, dass der Schuldgrundsatz auch bei den Tötungsdelikten der §§ 212, 211 StGB eine Grenze zieht, drängt alles zu der Annahme, dass die Frankfurter Richter den strafmildernden Umstand, den sie erkannt und geprüft hatten, nicht richtig gewichtet haben. Das Sterbeverlangen des Opfers, das objektiv vorlag und vom Täter als ernstlich vorgestellt worden ist, ist derart gewichtig, dass die lebenslange Freiheitsstrafe ausscheiden muss:

> »Denn daß das ernstliche und ausdrückliche Verlangen des Opfers den Täter zur Tötungstat bestimmt hat, er also durch sie das Begehren eines Lebensmüden erfüllt hat, ist ein außerordentlicher Umstand, der *wie kein anderer* der Tat die besondere Verwerflichkeit nimmt.«[155]

Und es passt denn auch tatsächlich nicht, »dass Mörder sein soll, wer ein Opfer tötet, welches sich seinen Täter zu ebendiesem Ziel selbst gesucht, die Tat gewünscht und sie mit ihm abgestimmt hat«.[156] Bei niedrigen Beweggründen, die hier vorliegen sollen, geht es nämlich nicht um die Geringschätzung des menschlichen Lebens an sich, sondern um die »besondere Geringschätzung des fremden Lebens*rechts*«![157] Daraus folgt, dass Taten, die das Lebensrecht des Getöteten

---

155 *Herzberg*, JZ 2000, 1093, 1099 (Hervorhebung nur hier) – der Autor bezieht sich auf die Lesart des Gesetzgebers und meint mit »bestimmt hat« nicht etwa »handlungsleitend«, sondern dass das Sterbeverlangen, wie für *Meiwes*, eine »notwendige Bedingung« gewesen ist. Auf den Fall *Meiwes* bezogen führt *Mitsch* in der Begründung der Verfassungsbeschwerde auf S. 53 aus: »Insbesondere die massive Mitwirkung des Getöteten an der Tat, die weit über ein bloßes Dulden oder eine verbale Zustimmung hinausgeht, reduziert den Unrechts- und den Schuldgehalt der Tat in einem Maße, dem nur eine Bestrafung zu einer zeitigen Freiheitsstrafe gerecht werden kann.«

156 Siehe schon dieses *Kreuzer*-Zitat in der Einleitung (im Text zu Fn. 8).

157 So die zutreffende Kennzeichnung der Höchststrafwürdigkeit niedriger Beweggründe bei *Fischer*, Strafgesetzbuch, § 211 Rn. 17 – Hervorhebung nur hier.

achten, von vornherein nicht in den Bereich der Höchststrafwürdigkeit gelangen können. Ihnen fehlt der Kern des Mordunrechts, die Verletzung der Opferautonomie.[158]

Das Gewicht des Sterbeverlangens wird auch deutlich, wenn man die Vermeidung lebenslanger Freiheitsstrafe in Fällen objektiver Heimtücke vergleichend heranzieht: Die Höchststrafwürdigkeit soll fehlen, wenn der Täter nicht in feindseliger Willensrichtung, sondern zum Besten des – ungefragten – Opfers zu handeln glaubt.[159] Im Vergleich zu dieser Anmaßung des Täters muss die Strafmilderung stärker ausfallen, wenn das Opfer die Tötung selber, und wie der Täter meint »ernstlich«, verlangt. Im Fall *Meiwes* ist aus diesen Gründen die vom Schuldgrundsatz gezogene Grenze der Verhängung lebenslanger Freiheitsstrafe überschritten.

Kreuzer hat in seiner umfassenden Betrachtung des Kannibalen-Falles und zu der Bewertung, die die Strafgerichte dem Fall zuteilwerden ließen, auch Kriminologisches »zur Abgrenzung von Mord und Totschlag« angemerkt.[160] Seine Auswertung derjenigen Modelle, die Tötungstaten nach ihrer Schwere kategorisieren, ergibt, dass Einzelfallgerechtigkeit und Struktur des Kannibalen-Falles zu einer Gesetzesinterpretation führen sollten, »die eine Einordnung auf höchster Stufe vermeidet«.[161] Die drei Leitkriterien der Morddelinquenz, die *Kreuzers* historische und rechtsvergleichende Untersuchung herausarbeitet, lauten: Planung, Gefährlichkeit und höchste moralische Verwerflichkeit. In der Anwendung auf den Kannibalen-Fall findet er – auf der Skala der Tötungsdelikte – eine mittlere Einstufung:

»*Planung* liegt vor; sie geschieht aber nicht gegen das Opfer und im Hinterhalt, sondern in voller Übereinstimmung mit ihm. Das Opfer ist nicht ein beliebiges, austauschbares, sondern ein gezielt und einverständlich gesuchtes.

158 Ähnlich *Mosbacher*, JfRuE 2006, S. 477, 498; auch *Müssig*, Mord und Todschlag, S. 129, 423; *Scheinfeld*, GA 2007, 695, 700 f.

159 BGHSt 9, 385; BGH(GS)St 30, 105, 119; vgl. auch *Kreuzer*, StV 2007, 598, 602 f.

160 *Kreuzer*, MschrKrim 2005, 412, 416 ff. und StV 2007, 598, 601 f.; ohne Bezug zum Kannibalen-Fall schon *ders.*, in: Tötungsdelikte, hrsg. von Egg, S. 45 ff.

161 *Kreuzer*, MschrKrim 2005, 412, 418; *ders.*, StV2007, 598, 602 linke Spalte.

Gefährlichkeit im Sinne eines hohen Rückfallrisikos besteht. Aber sie ist wiederum begrenzt auf Gefahren für Menschen, die diese Gefahr bewußt suchen und mit begründen. Der Normalbürger mit Angst vor Gewalt ist nicht betroffen. Der eigentlich betroffene Kranke müßte eher therapeutisch geschützt werden vor Eigengefährdung, vor seinen destruktiv-autoaggressiven Sehnsüchten.

Höchstes Maß an Abscheulichkeit ja, aber nicht höchste moralische *Verwerflichkeit.* Denn das Geschehen ist als Ausdruck *krankhafter*, eben reziprok abartiger Persönlichkeitsstörungen zu beurteilen. Es entzieht sich als ›maximal Fremdes‹ unserem Verstehen. Und der Täter ist nicht rigoros rücksichtslos wie ›der Mörder‹. Vielmehr nimmt er gerade auf alle Wünsche des Opfers Rücksicht.«[162]

Bei *Kreuzer* findet sich eine ausgewogene Gesamtwürdigung der Tat, wie man sie sich auch vom Landgericht Frankfurt und vom 2. *Strafsenat* des Bundesgerichtshofs gewünscht hätte. *Kreuzers* kriminologische Betrachtung untermauert unser Ergebnis: Die überpositiven Leitkriterien, die zur Abgrenzung von Mord und Totschlag herangezogen werden, führen zu einer Einordnung der Tat (höchstens) als Totschlag.

Unser Ergebnis, wonach die lebenslange Freiheitsstrafe schuld*un*angemessen ist, wird zusätzlich gestützt von den Strafmilderungsgründen, die im Fall *Meiwes* neben dem Sterbeverlangen vorliegen und die das Landgericht Frankfurt in seiner Urteilsbegründung nicht würdigt.[163] Geht es hier darum, dass eine Abwägung aller Strafzumessungsgründe die Unverhältnismäßigkeit ergibt, wird es später darum gehen, dass das Nichtabwägen einzelner Strafmilderungsgründe den Anspruch des Angeklagten auf beurteilungsfehlerfreie Entscheidung des Tatgerichts verletzt (ff).

dd) Wiederholungsgefahr

Wo sich das Landgericht Frankfurt in der rechtlichen Würdigung des Falles die Frage vorlegt, ob es mit der Rechtsfolgenlösung von lebenslanger Freiheitsstrafe absehen soll, begründet es seine Ablehnung der Milderung zusätzlich damit, dass von *Meiwes* eine Wiederholungsgefahr ausgehe.[164] Bei der Lektüre des Urteils gewinnt man sehr den

---

162 *Kreuzer*, StV 2007, 598, 602 linke Spalte.

163 Vgl. zu dieser Problematik unter ff, S. 67.

164 Urteil des LG Frankfurt, S. 33 f. (Feststellungen).

Eindruck, dass dieser Gesichtspunkt aus Sicht der Kammer der wichtigste war, der gegen die Anwendung der Rechtsfolgenlösung sprach. Denn die Kammer fügt mit Blick auf die »derzeitige Diskussion um Gesetzesänderungen und Erweiterungen« (bei der Sicherungsverwahrung) extra einen Absatz an, der sich sozusagen als obiter dictum an den Gesetzgeber wendet und worin die Frankfurter Richter ausdrücken, dass sie im Fall *Meiwes* Sicherungsverwahrung angeordnet hätten, wenn dies bei einem Ersttäter gesetzlich vorgesehen gewesen wäre.[165] Dem Dreierausschuss des Bundesverfassungsgerichts ist der Gesichtspunkt der Wiederholungsgefahr anscheinend suspekt geblieben, denn sein Beschluss verweist nicht darauf, dass dieser Gedanke geeignet wäre, die Ablehnung der Rechtsfolgenlösung zu legitimieren. Der Beschluss der Verfassungsrichter hebt nur ab auf die Umstände der »Eigensüchtigkeit« und des »Nachtatverhaltens« des *Meiwes*.[166] Und tatsächlich ergibt näheres Hinsehen, dass die Argumentation des Landgerichts zweifach bedenklich ist: Zum einen wird die Wiederholungsgefahr, wie sie das Landgericht versteht, nicht widerspruchslos und lückenlos begründet, zum andern hat das Landgericht eine bestehende Wiederholungsgefahr deutlich zu stark gewichtet.

(1) Darlegung der Wiederholungsgefahr im Urteil. Zur Begründung einer »Wiederholungsgefahr«, die sich dann sogar auf Tötungen gegen den Willen der Opfer erstrecken soll, führt das Landgericht Frankfurt Folgendes aus:

---

165 »Die Anordnung der Sicherungsverwahrung war der Kammer nicht möglich. Im Hinblick auf die derzeitige Diskussion um die Gesetzesänderungen und Erweiterungen weist die Kammer darauf hin, dass sie diese angeordnet hätte, wenn dies bei dem Angeklagten als Ersttäter gesetzlich möglich gewesen wäre. Grundlage hierfür ist die von den Sachverständigen geschilderte Wiederholungsgefahr, aufgrund seiner Persönlichkeitsstruktur, der fehlenden Reue und der Einschätzung seiner Person als Überzeugungstäter, welcher auf die von ihm begangene Tat stolz ist, sich mit ihr rühmt und nach Verkündung des Urteils nunmehr wieder die Veröffentlichung seiner Tat in Form eines von ihm vermarkteten Films und / oder Buches über sein Leben betreibt, zumal die sexuelle Paraphilie des Angeklagten aller Voraussicht nach sein gesamtes restliches Leben andauern wird« (Urteil des LG Frankfurt, S. 53 – rechtliche Würdigung).

166 Vgl. oben S. 42, im Text vor Fn. 128.

Es erscheint »vor dem Hintergrund der Äußerungen des Angeklagten im Chatverkehr nach der Tat […] auch nicht ausgeschlossen, dass der Angeklagte bei einer erneuten Tötung den Willen des Opfers ignoriert und dieses bei passender Gelegenheit gegen dessen Willen schlachten würde, wenn der Drang nach dem Genuss von Menschenfleisch überhand nimmt und das Entdeckungsrisiko minimiert ist.«[167]

Aus revisionsrechtlicher Sicht ist es zunächst bedenklich, dass der 2. *Strafsenat* des Bundesgerichtshofs die Beweiswürdigung hat gelten lassen. Denn das Landgericht Frankfurt hat bei der Frage, ob *Meiwes* sich auch über einen Lebenswillen einer Person hinwegsetzen werde, einen gewichtigen und entgegenstehenden Umstand nicht gewürdigt. Die Feststellungen des Frankfurter Urteils schildern, dass *Meiwes* weitere junge Männer in seiner Macht hatte, ohne ihnen etwas anzutun.[168] Einen besonderen Beleg gibt insoweit das Geschehen, das sich 19 Monate nach der Tat abgespielt hat. *Meiwes* führte auf dem Wüstefelder Gutshof mit einem – nach seinen Vorstellungen – idealen Opfer einvernehmlich Rollenspiele durch und dabei hatte er die völlige Herrschaft über diesen gefesselten jungen Mann. Einer Tötung standen keinerlei objektive Hindernisse im Weg. In der Urteilsbegründung werden die Begegnungen mit *K.* wie folgt beschrieben:

»Der durchtrainierte, schlanke und muskulöse *K.*, der der Vorstellung des Angeklagten von einem ›schönen Jüngling‹ in jeglicher Hinsicht entsprach, zog sich aus und legte sich in einem Schlafzimmer des Gutshauses Wüstefeld auf das Bett. Der Angeklagte fesselte ihn an den Händen, rieb ihn mit Öl ein und tastete ihn ab. […] Als *K.* die Frage des Angeklagten bejahte, ob er ihn an den Füßen aufhängen dürfe, zog der Angeklagte den weiterhin gefesselten *K.* am Flaschenzug hoch und erklärte diesem, dass er ihn jetzt schlachten könnte, wenn er dies wolle, was *K.* jedoch ablehnte. […] Im Rahmen des zweiten Treffens begaben sich der Angeklagte und *K.* nicht in den Schlachtraum, sondern führten ein Rollenspiel in einem Schlafzimmer des Gutshauses durch. […] Wiederum zog sich *K.* aus, ließ sich fesseln und Nadeln in seine Körperteile stecken. […] Hierbei war der Angeklagte in hohem Maße sexuell erregt. Die Vorstellung, einen ›schönen Jüngling‹ wie *K.* nackt und ›schlachtreif‹ vor sich liegen zu sehen, erregte den Angeklagten derart

167 Urteil des LG Frankfurt, S. 46 (Beweiswürdigung).
168 Urteil des LG Frankfurt, S. 26 ff. (Feststellungen).

sexuell, dass er den *K.* fortwährend und immer wieder zu überreden suchte. Während der knapp 20-minütigen Videoaufnahme äußerte der Angeklagte mindestens sechsmal gegenüber *K.*, dieser solle nur Bescheid geben, wenn er ihn schlachten solle, dies sei kein Problem und sofort möglich. *K.* ging auf diese Avancen jedoch nicht ein und der Angeklagte unterließ deshalb eine reale Schlachtung. *K.* übernachtete noch in Wüstefeld und fuhr erst am nächsten Tag nach Hause.«[169]

Da wohl kaum eine Situation (ohne Sterbeverlangen des Ausgelieferten) denkbar ist, die *Meiwes* noch stärker hätte zur Tat drängen können, hätte die Frankfurter Strafkammer ihre Annahme näher und unter Einbeziehung dieses Umstandes begründen müssen.

Neben dieser Begründungslücke im Urteil erfährt der Leser auch nicht, ob eine Tötung gegen den Willen des Opfers überhaupt mit der »sexuellen Paraphilie« des *Meiwes* im Einklang stehen würde. Der Umstand, dass *Meiwes* die ihm hilflos ausgelieferten jungen Männer auf deren Wunsch hin stets hat ziehen lassen, legt es zunächst einmal nahe, dass es ihm gerade auch auf das Einverständnis des Opfers ankommt. Diese naheliegende Deutung wird gestärkt, wenn man den hinter dem Fleischverzehr erstrebten Wunsch nach einer unauflöslichen Bindung betrachtet. Es liegt dann weiter nahe, dass *Meiwes* eine *einvernehmliche* Bindung erstrebte. Der Sachverständige *Beier* sieht dies denn auch so. Zum einen beschreibt er den Fetisch des *Meiwes* als »das Fleisch eines sympathischen Mannes, das dieser ihm freiwillig zum Zwecke der Vereinigung gibt«![170] Zum andern führt er zur »Wiederholungsgefahr« aus, was er schon in der Hauptverhandlung dargelegt hat:

»Allerdings wird er [Franky] sich auch zukünftig den Fetisch Menschenfleisch nicht gegen den erklärten Willen seiner Kontaktpartner aneignen. Dies ergibt sich aus der Analyse seiner sexuellen Präferenzstruktur, die keine sadistischen Komponenten aufweist.

Hinsichtlich der Prognose ist zudem davon auszugehen, dass sich die sexuelle Präferenzstruktur von Franky – wie die eines jeden Menschen – nicht mehr ändert und auch nicht mehr ändern lässt. Infolgedessen ist auch davon auszugehen, dass er die Einverleibung des Fleisches eines ihm sympathischen Mannes wiederholen würde, sofern zwei Bedingungen erfüllt wären: Zum

---

169 Urteil des LG Frankfurt, S. 30 f. (Feststellungen).

170 *Beier*, Sexueller Kannibalismus, S. 285 unten.

einen muss das Opfer seine Schlachtung selbst wollen, ohne dass Zweifel an der Freiwilligkeit dieses Entschlusses besteht«.[171]

Der Sachverständige hat also keinen Zweifel, dass *Meiwes* auch in Zukunft die freiwillige Zustimmung des Opfers zur Voraussetzung einer Einverleibung machen würde. Diese Deutung des Sachverhalts behandelt die Urteilsbegründung der Frankfurter Strafkammer nicht. Und der Leser des Urteils erfährt auch für die gegenteilige Annahme der Strafkammer keine guten Gründe.[172]

Man könnte der Urteilsbegründung des Landgerichts Frankfurt zugutehalten, dass sie die Gefahr einer solchen *unverlangten* Tötung lediglich als »nicht ausgeschlossen« einstuft. Aber auch diese Sicht ist problematisch. Denn was lässt sich schon »ausschließen«? In vielen Totschlagsfällen wird man eine Wiederholungsgefahr nicht ausschließen können. Ist etwa der Täter während einer Kneipenschlägerei von einer leichten Beleidigung des Opfers zur Tötungstat hingerissen worden, so ist völlig offen, ob der Täter bei zukünftigen Konflikten mit gegen ihn gerichteten Beleidigungen nicht wiederum tötet. Dass das Tatgericht wegen solcher – selten ausschließbaren – Gefahren einen besonders schweren Fall des Totschlags und auf lebenslange Freiheitsstrafe erkennen dürfte, leuchtet nicht ein. Man tut deshalb gut daran, die Gefahr einer unverlangten Tötungstat außen vor zu lassen.

Das Landgericht Frankfurt hätte also allenfalls von einer »einfachen«, d.h. von einer auf verlangte Tötungstaten beschränkten Wiederholungsgefahr ausgehen sollen. Aber auch insoweit sind die

---

171 *Beier*, Sexueller Kannibalismus, S. 327f. – Vgl. dort auch auf S. 319: Die »Verbindung wollte FRANKY nur mit einem sympathischen Mann eingehen, der diese Verbindung seinerseits wünschte.«

172 Der im Urteil wiedergegebene Chat mit dem Zeugen *B.*, worin *Meiwes* als »Geschäftsidee« den Gedanken einer Schlachtung von illegalen Einwanderern und das Vermarkten ihres Fleisches erwägt (S. 45f. der Urteilsbegründung), ist dazu meines Erachtens nicht ausreichend. Es bleibt nämlich unklar, ob es sich dabei nicht nur um ein taktisches Verhalten des *Meiwes'* handelt, ob er also nur auf den Chat-Partner eingegangen ist, um den Kontakt nicht abbrechen zu lassen und nicht die Chance auf ein Treffen zu verspielen. *Meiwes* hatte beispielsweise einem Chatpartner auch versprochen, ihm den Penis abzubeißen, um ihn so zu einem Treffen zu bewegen. Vom Tatgeschehen mit *B.*, der das auch gefordert hatte, weiß man aber, dass *Meiwes* dies – mangels sadistischer Neigung – nicht wollte und nicht fertig bringen konnte.

Ausführungen des Urteils lückenhaft. Die Kammer begründet zwar hinreichend, dass *Meiwes* auch zukünftig bestrebt sein wird, an seinen Fetisch Männerfleisch zu gelangen:

»Da die sexuelle Perversion des Angeklagten laut der Einschätzung des Sachverständigen Prof. Dr. *Beier*, welche die Kammer teilt, eine paraphile Hauptströmung darstellt und der Angeklagte damit über keine andere, ihn ebenso zufrieden stellende Möglichkeit der sexuellen Befriedigung verfügt, sich der Angeklagte im Chat mit *M.* bereits darüber beklagte, das Fleisch des *B.* werde langsam knapp und die Tat für ihn laut seiner glaubhaften Einlassung in der mündlichen Verhandlung den ›Kick‹ seines Lebens darstellt, ist die Kammer daher in Übereinstimmung mit den psychiatrischen Sachverständigen [...] überzeugt, dass der Angeklagte eine Tötung zur Schlachtung eines Mannes erneut vornehmen würde.«[173]

Aus den weiteren Ausführungen in der Urteilsbegründung ergeben sich aber Zweifel hinsichtlich der Gefahr einer erneuten Tötungstat. In den Feststellungen heißt es:

»Der Angeklagte würde höchstens angesichts der gemachten juristischen Erfahrungen versuchen Wege zu finden, die Tötungshandlung selbst nicht eigenhändig vornehmen zu müssen, um seine Wünsche nach Schlachtung und Einverleibung weiterer Opfer zu erreichen.«[174] Und in der rechtlichen Würdigung bei Ablehnung der Rechtsfolgenlösung: »Dass der Angeklagte die Tat auch heute wieder begehen würde, wenn er freiwillige Opfer finden

173 Urteil des LG Frankfurt, S. 46 (Beweiswürdigung).

174 Urteil des LG Frankfurt, S. 33 f. (Feststellungen). In der Beweiswürdigung heißt es ähnlich: »Vielmehr ist der Angeklagte nach Einschätzung insbesondere des Sachverständigen Dr. St., welche die Kammer auch aus eigener Einschätzung des prozessualen Verhaltens des Angeklagten teilt, durch das gegen ihn geführte Strafverfahren und die ihm hierdurch zuteilgewordene Rechtsberatung und juristische Wertung seiner Tat sogar noch gefährlicher geworden und die Wiederholungsgefahr für den Angeklagten noch weiter angestiegen, da der Angeklagte durch die juristisch umfangreiche Beschäftigung mit der Tat nunmehr nicht nur diese selbst besser einzuschätzen vermag, sondern auch Alternativen und Tatvarianten kennen gelernt hat, mit denen er hofft, einer erneuten Bestrafung *zumindest wegen Mordes* entgehen zu können« (S. 45, Hervorhebung nur hier). Auch diese Ausführungen sind widersprüchlich. Sie lauten nämlich: Weil *Meiwes* nach dem Strafverfahren juristisch versiert ist, wird er in Zukunft eine Bestrafung wegen Mordes und das »Lebenslänglich« vermeiden. Er ist aber anscheinend nicht versiert genug, für den Fall einer erneuten Tötungstat die Gefahr einer lebenslänglichen Sicherungsverwahrung zu erkennen (§ 66 Abs. 3 S. 1 StGB). Was soll denn nun gelten – ist er juristisch im Bilde oder nicht?

würde, haben die Sachverständigen überzeugend ausgeführt, wobei sich die Einschränkung von Prof. *Beier* – wenn es straflos möglich wäre – nach Überzeugung der Kammer allein darauf bezieht, dass der Angeklagte versuchen würde, einen eigenhändigen Tötungsakt zu vermeiden. Gefährdet sind dabei in erster Linie gestörte, suizidgefährdete und kranke Menschen. Gerade diesen gegenüber hat der Staat jedoch deren höchstes Rechtsgut, ihr Leben, mit aller ihm möglichen Kraft zu schützen. Ein besonderer und mit den bisher diesbezüglich entschiedenen Fällen [der Rechtsfolgenlösung, J.S.] auch nur annähernd vergleichbarer Fall liegt folglich bei einer Gesamtbetrachtung der Tat und des Täters nicht vor.«[175]

Das Urteil macht schon nicht plausibel, was der Sachverständige *Beier* meint mit der Aussage: »wenn es straflos möglich wäre«. Das kann zum einen heißen, dass *Meiwes* eine solche Tat wieder begehen würde, wenn sie unentdeckt bliebe, er also faktisch nicht bestraft werden würde; es könnte aber auch meinen, und das legt die Formulierung nahe, dass er keine strafbare Handlung begehen werde. Es mag auch noch möglich sein, die Aussage im Sinne der Kammer zu interpretieren (»einen eigenhändigen Tötungsakt zu vermeiden«). Die Frankfurter Richter waren aber auf ein *Interpretieren* gar nicht angewiesen. Sie hätten den Sachverständigen fragen können und müssen, was er mit seiner Einschränkung meint. Sie haben also im Punkte der Wiederholungsgefahr ihre Aufklärungspflicht verletzt. Wenn der Sachverständige *Beier* gemeint haben sollte, dass *Meiwes* strafbare Tötungshandlungen unterlassen würde (also beispielsweise nur vollverantwortliche Personen zum Suizid überreden würde), dann hätten die Frankfurter Richter entscheiden müssen, welcher Sachverständige denn Recht hat. Es wäre dann nämlich auf die genaue Bestimmung der von *Meiwes* ausgehenden »Gefahr« angekommen: Eine »*Wiederholungs*gefahr« besteht nicht, wenn von *Meiwes* nur die Gefahr ausgeht, anderen Personen »straflos« beim Suizid zu assistieren oder sie zum Suizid aufzufordern. Von Wiederholungsgefahr darf man vielmehr nur sprechen, wenn in der prognostizierten Tat ein fahrlässig oder in mittelbarer Täterschaft begangenes Tötungsdelikt liegt (§ 222 StGB bzw. §§ 212, 211, 25 Abs. 1 Fall 2 StGB), also etwa beim Verleiten eines (erkennbar) Geisteskran-

175 Urteil des LG Frankfurt, S. 51 ff. (rechtliche Würdigung).

ken zum Suizid.[176] Ob aber der Sachverständige *Beier* so verstanden werden wollte, gerade das hätte die Kammer aufklären müssen. Diese Aufklärung hätte dann wohl zu dem geführt, was *Beier* zu den Voraussetzungen weiterer Einverleibungen in seinem Buch ausführt:

»Zum anderen muss für alle von ihm [FRANKY] vorgenommenen Handlungen Straffreiheit garantiert sein.

Da FRANKY jetzt einen gewissen subkulturellen ›Marktwert‹ besitzt, wird er jedenfalls über kurz oder lang mit entsprechenden Ansinnen konfrontiert werden. Wenn findige Juristen dann unanfechtbare Rahmenbedingungen schaffen (insbesondere Abkoppelung der Täterschaft für die Tötungshandlung; Straffreiheit für Schlachtvorgang und Einverleibung – z. B. unter Nutzung von besonderen Rechtsräumen wie dem internationalen Seerecht etc.), dann ist davon auszugehen, dass FRANKY seinen – auf andere Weise ja nicht zu erfüllenden – Beziehungswunsch erneut realisieren wird.«[177]

Es verwundert, dass der Sachverständige *Beier* diesen wichtigen Punkt nicht auch bei Abstattung des gerichtlichen Gutachtens vorgetragen haben soll und dass die Strafkammer die Überzeugung gewinnen konnte, *Beier* meine etwas ganz anderes, nämlich nur, dass *Meiwes* eine eigenhändige Tötungshandlung vermeiden würde.[178]

Dies beiseite gelassen sind die Ausführungen der Frankfurter Strafkammer – was die Widerholungsgefahr betrifft – insgesamt unklar, widersprüchlich und lückenhaft, sodass sie ihre Wertung nicht zu rechtfertigen vermögen. Das hätte nicht nur der *2. Strafsenat* des Bundesgerichtshofs als Revisionsinstanz rügen müssen, sondern – jedenfalls weil es um die lebenslange Freiheitsstrafe und also um den schärfsten staatlichen Eingriff in das Freiheitsrecht geht – ebenso das Bundesverfassungsgericht.[179]

---

176 Man mag vielleicht selbst die Gefahr straflosen Mitwirkens am Suizid vermeiden wollen, strafrechtlich relevant ist diese Gefahr aber nicht, weil sie sich auf erlaubtes Verhalten bezieht.

177 *Beier*, Sexueller Kannibalismus, S. 328.

178 Die Einleitung von *Beiers* Buch legt das Gegenteil nahe, wenn es dort heißt: Er habe »die bereits im Rahmen der Hauptverhandlung dargelegten Zusammenhänge hier nochmals, für einen größeren Leserkreis aufbereitet« (Sexueller Kannibalismus, S. 2).

179 Zum Prüfmaßstab des BVerfG vgl. unter ee, S. 64 ff.

(2) Gewichtung der Wiederholungsgefahr. Und selbst dann, wenn wir uns auf die Annahme einer Wiederholungsgefahr einlassen, steht sie der Anwendung der Rechtsfolgenlösung nicht entgegen. Legen wir probehalber zugrunde, dass die Gefahr gleichgelagerter Taten besteht! Dürfte dann *wegen dieser Wiederholungsgefahr* die zeitige Freiheitsstrafe vermieden und auf lebenslange Freiheitsstrafe erkannt werden? Ist die Frage so gestellt, mag mancher schwanken. Leichter fällt uns die Antwort, wenn wir die sachlich identische Frage von einem anderen Ansatzpunkt aus stellen: Dürfen wir einen einfachen Totschlag, für den wir – die Tat für sich betrachtet – zwölf Jahre Freiheitsstrafe verhängen würden, deshalb zum besonders schweren Fall machen, weil in der Person des Täters eine große Wiederholungsgefahr liegt? Auch in diesen Fällen verdient »die Tat« nur eine zeitige Freiheitsstrafe, die Notwendigkeit der lebenslangen Freiheitsstrafe ergäbe sich erst aus der Gefährlichkeit des Täters. Deutlich ausformuliert findet sich die Antwort auf unsere Frage bei *Horn* (zu § 212 Abs. 2 StGB):

> »Auch mit Präventionsgesichtspunkten (z. B. Sicherung der Allgemeinheit vor dem gefährlichen Täter) kann der Ausbruch aus dem Normalstrafrahmen niemals begründet werden; Prävention kann – wenn überhaupt [...] – nur die Auswahl der Strafe aus dem Schuldrahmen ermöglichen, setzt also einen durch größeres (verschuldetes) Unrecht über Abs. 1 hinaus bereits erweiterten Strafrahmen voraus.«[180]

So muss man es auch für die Fälle des § 211 StGB sehen, in denen strafmildernde Umstände von solchem Gewicht vorliegen, dass die lebenslange Freiheitsstrafe nicht mehr schuldangemessen erscheint. Denn der Sache nach macht es keinen Unterschied, ob das Tatgericht ausgehend von § 212 StGB über dessen Abs. 2 zur lebenslangen Freiheitsstrafe gelangen will oder ob es ausgehend von § 211 StGB von den Milderungsgründen hinab gedrängt wird zur zeitigen Freiheitsstrafe und nun der Anwendung der Rechtsfolgenlösung die Wiederholungsgefahr entgegensetzt. In beiden Fällen verdient die Tat nach ihrer Schuldschwere nur eine zeitige Freiheitsstrafe. Zum Gewicht des Sicherungsgedankens hat der Bundesgerichtshof bereits entschieden, dass die Tatgerichte »bei der Bemessung der zu verhängenden Strafe das entscheidende Gewicht nicht dem Gedanken

180 *Horn*, in: SK-StGB, § 212 (Stand: 2000) Rn. 38 am Ende.

der Sicherung beilegen« dürfen; der Präventionszweck dürfe nicht dazu führen, dass die gerechte Strafe überschritten werde.[181] Speziell auf § 212 Abs. 2 StGB bezogen verlangt der Bundesgerichtshof, dass die einschlägigen Fälle zusätzliche *unrechts-* oder *schuld*erhöhende Umstände aufweisen, die das Minus gegenüber dem Mord ausgleichen.[182] Der Sicherungsgedanke genügt nicht.

Das muss auch schon deshalb so sein, weil es sonst dazu kommen kann, dass gerade mildernde Umstände bei § 212 Abs. 2 StGB den strafschärfenden Ausschlag geben und zur lebenslangen Freiheitsstrafe führen. Nehmen wir den Fall, dass ein Täter mit paranoider Persönlichkeitsstörung, die zu einer Milderung nach § 21 StGB führt, zwei Menschen getötet hat. Die Tötung zweier Opfer drängt zum besonders schweren Fall, die mildernde Krankheit zieht davon weg.[183] In diese Abwägung nun den Gedanken der Sicherung einzubringen, wäre verfehlt, weil die den Täter gefährlich machende Krankheit den *Schuld*vorwurf reduziert. Über den Sicherungsgedanken wieder zu dem Strafmaß zurückzukehren, dass nur ohne die Krankheit schuldangemessen wäre, dieses Vorgehen verlässt – sozusagen vorrechenbar – den von der Täterschuld gezogenen Spielraum der Strafbemessung.

Auch im Fall *Meiwes* hat die Frankfurter Strafkammer den von der Täterschuld gezogenen Strafzumessungsrahmen verlassen. Das lässt sich am Ende dem Urteil selbst recht deutlich entnehmen. Die Richter erwägen die Rechtsfolgenlösung aufgrund des Umstandes, dass das Opfer die Tötung verlangt hat. Sie lehnen die Rechtsfolgenlösung aber nicht etwa ab, weil das strafmildernde Gewicht des Sterbeverlangens nicht hinreichend wäre. Vielmehr stellen sie ab auf die Eigensucht des Täters, sein Nachtatverhalten und die Wiederholungsgefahr. Daraus kann man schließen, dass ohne diese strafschärfenden Gesichtspunkte die Rechtsfolgenlösung am Platze wäre. Die Eigensucht durften die Richter aber nicht entgegensetzen, weil sie krankheitsbedingt und nicht vorwerfbar ist – und zudem

181 BGHSt 20, 264, 267.

182 NStZ 1981, 258; NStZ 1993, 342; NStZ-RR 1999, 101, 102; NStZ 2001, 647.

183 Nach Ansicht des BGH schließen die Umstände des § 21 StGB die Annahme eines besonders schweren Falles des Totschlags nicht aus (NStZ 1993, 342; zustimmend *Fischer*, Strafgesetzbuch, § 212 Rn. 20; *Hartmut Schneider*, in: MüKo-StGB, § 212 Rn. 65; a.A. *Horn*, in: SK-StGB, § 212 [Stand: 2000] Rn. 38).

schon Merkmal der niedrigen Beweggründe ist, also nicht doppelt verwertet werden darf.[184] Das Nachtatverhalten, sprich die Suche nach weiteren Opfern, betrifft in erster Linie wiederum nur den Sicherungsgedanken. Er darf aber, wie eben ausgeführt, nicht herangezogen werden. Folglich zieht das Vorliegen des Sterbeverlangens den zulässigen und schuldangemessenen Strafrahmen in den Bereich zeitiger Freiheitsstrafe. Ihn haben die Frankfurter Richter mit der Verhängung lebenslanger Freiheitsstrafe verlassen und damit gegen den Grundsatz schuldangemessenen Strafens verstoßen.

Kurz nach der Urteilsverkündung hatte *Kreuzer* die Einstufung der Tat als Mord und die Verhängung der lebenslangen Freiheitsstrafe als absichtsgeleitet kritisiert: »In der Gewissheit, den Täter dauerhaft abschotten zu müssen, sucht man nach Lösungen.«[185] Diese Einschätzung wird verstärkt von der schriftlichen Urteilsbegründung des Landgerichts Frankfurt, wonach potentielle Opfer »mit aller Kraft« des Staates zu schützen seien.[186] Die Einstufung als Mord und die lebenslange Freiheits*strafe* sind aber kein zulässiges Vehikel, mit der die Recht sprechende Staatsgewalt die vom Gesetzgeber bewusst geschaffene Lücke im Maßregelrecht schließen dürfte. Denn das verletzt den der Strafe zugrunde liegenden und mit Verfassungsrang ausgestatteten Schuldgrundsatz.

ee) Prüfmaßstab des Bundesverfassungsgerichts

Die Verfassungsrichter selber hätten als Tatrichter vielleicht nur eine zeitige Freiheitsstrafe verhängt. Das weiß man nicht, weil sie nur die Vertretbarkeit prüfen.[187] Dass auch bei diesem Prüfmaßstab die Verhängung lebenslanger Freiheitsstrafe gegen die Verfassung verstößt, ist soeben dargelegt worden. Nun soll es nur noch darum gehen, den richtigen Prüfmaßstab zu ermitteln. Aufschluss zu geben vermag meines Erachtens die Begründung einer Entscheidung des Bundes-

---

184 S. oben im Text bei Fn. 134, S. 44.

185 ZEITonline vom 10.5.2006 [http://www.zeit.de/online/2006/19/urteil_kannibalismus_rothenburg, Stand: 10.5.2009].

186 Vgl. im Urteil des LG Frankfurt, S. 52 (rechtliche Würdigung) – auch insgesamt die Ausführung zur Gefährlichkeit des Täters, S. 51ff.

187 Vgl. dazu die zusammenfassenden Ausführungen des Dreierausschusses unter IV 1 a, S. 25.

verfassungsgerichts, in der es um die Auslegung und Anwendung des Zivilrechts ging:

»Je mehr eine zivilgerichtliche Entscheidung grundrechtsgeschützte Voraussetzungen freiheitlicher Existenz und Betätigung verkürzt, desto eingehender muß die verfassungsgerichtliche Prüfung sein, ob eine solche Verkürzung verfassungsrechtlich gerechtfertigt ist.«[188]

Mir scheint, dass daraus nur eines folgen kann: Die verfassungsrechtliche Überprüfung des Bundesverfassungsgerichts muss am weitesten reichen bei der Verhängung lebenslanger Freiheitsstrafe. Denn sie *entzieht* die Voraussetzung freiheitlicher Existenz und Betätigung. Das Bundesverfassungsgericht verfährt aber – auf das gesamte materielle Strafrecht gesehen – genau umgekehrt:

»Ausgerechnet dann, wenn zum Schutze der Bürger vor sehr gewichtigen Grundrechtseingriffen eine ernstzunehmende Kontrolle notwendig wäre, verweigert das BVerfG eine solche.«[189]

Die Zurückhaltung der Verfassungsrichter kann nicht mehr nachvollziehen, wer – als Beispiel für den sonst angelegten Prüfmaßstab – einen Beschluss zum Schuldgrundsatz im Disziplinarrecht der Beamten auf sich wirken lässt. In dem Verfahren ging es um einen früheren Polizeibeamten, der jahrelang und ohne Genehmigung eine Nebentätigkeit ausübte; ihm hatte das Verwaltungsgericht das Ruhegehalt aberkannt. Ein Auszug aus dem Beschluss, mit dem die Verfassungsrichter der Verfassungsbeschwerde stattgeben, liest sich so:

»Ein Versagen im Kernbereich der dem Bf. konkret zugewiesenen polizeidienstlichen Aufgaben haben die Gerichte hier nicht festgestellt. [...] Soweit das VG eine Verletzung der Pflicht zu achtungs- und vertrauenswürdigem Verhalten bejaht hat, erschließt sich aus den Entscheidungsgründen nicht, worin eine solche Pflichtverletzung liegen soll. [...] Nach der Rechtsprechung des BVerwG [...] kann diese Pflicht zwar auch durch Ausübung einer Nebentätigkeit ohne die erforderliche Genehmigung verletzt werden. Das BVerwG [...] erkannte bei einem Beamten, der mehrere Jahre lang unerlaubt eine Nebentätigkeit mit einem Umfang von zehn bis zwölf Stunden im Monat

188 Beschl. v. 22.3.2004 – 1 BvR 2248/01, Rz. 36, unter Verweis auf BVerfGE 18, 85, 93; 42, 163, 168.

189 *Hörnle*, NJW 2008, 2085, 2088 – dort zur Strafbarkeit des Inzests und zu 2 BvR 392/07, NJW 2008, 1137.

ausübte, wobei für den unvoreingenommenen Betrachter der Eindruck entstehen konnte, der Beamte sei hauptberuflich für die betreffende Firma tätig, jedoch lediglich auf eine Gehaltskürzung um ein Zwanzigstel für fünf Monate [...]. Konkrete Feststellungen dazu, ob das Verhalten des Bf. überhaupt öffentlich bekannt geworden ist, liegen dem nicht zu Grunde; dies wäre aber Voraussetzung für die Annahme einer Ansehensschädigung gewesen. [...] Angesichts der Spruchpraxis der Disziplinargerichte im Übrigen fällt vorliegend die Verhängung der Höchstmaßnahme eindeutig aus dem Rahmen. Sie wird von den getroffenen Feststellungen, soweit diese den Bestimmungen der Disziplinarmaßnahme zu Grunde gelegt werden können, nicht getragen. Damit ist indiziert, dass die Sanktion in keinem angemessenen Verhältnis zu dem zu ahndenden Dienstvergehen steht und deshalb den verfassungsrechtlich gewährleisteten Schuldgrundsatz verletzt.«[190]

Wenn es also im Disziplinarrecht der Beamten um das Ruhegehalt geht, dann überprüft das Bundesverfassungsgericht die Subsumtion der Verwaltungsrichter, obwohl die weitgehend von den Umständen des Einzelfalls abhängt;[191] es prüft auch, ob die Feststellungen eine Subsumtion tragen; und es vergleicht den Fall mit der Spruchpraxis der Verwaltungsgerichte. Wo es aber um die lebenslange Freiheitsstrafe geht, nimmt das Verfassungsgericht es hin, dass die Feststellungen eine Subsumtion unter ein Mordmerkmal nicht nur nicht tragen, sondern ihr ausdrücklich widersprechen (Handlungsleitung des Sexualmotivs);[192] es blendet die Spruchpraxis der Strafgerichte aus und lässt sich von Vergleichsfällen nicht irritieren; und es sieht kein Indiz für die Verletzung des Schuldgrundsatzes darin, dass die Frankfurter Richter einige Strafmilderungsgründe unerwähnt und unberücksichtigt gelassen haben[193] – und sogar einen Milderungsgrund, die krankheitsbedingte Selbstsucht, zulasten des Angeklagten verwendeten, und das auch noch doppelt.[194] Will das Bundesverfassungsgericht Ungleichbehandlungen in seiner Spruchpraxis in Zukunft vermeiden, muss es den im Disziplinarrecht angewendeten Prüfmaßstab auf das Strafrecht übertragen.

---

190 NVwZ 2003, 1504, 1505 f.

191 Ebenda, 1504.

192 Siehe oben unter c bb, im Text nach Fn. 95, S. 32.

193 Dazu näher unter ff.

194 Bei der Bejahung des Mordmerkmals sowohl wie bei der Ablehnung der Rechtsfolgenlösung (vgl. dazu oben, S. 32).

Das Bundesverfassungsgericht sollte also – über die bislang praktizierte Vertretbarkeitskontrolle hinaus – bei einer Verurteilung wegen Mordes prüfen: *Erstens* ob der vom Tatgericht festgestellte Sachverhalt eine Subsumtion unter das Mordmerkmal trägt; *zweitens* ob die Verhängung lebenslanger Freiheitsstrafe mit der Spruchpraxis der Strafgerichte im Einklang steht; *drittens* ob das Tatgericht die dem Täter nachteiligen Feststellungen ohne Willkür getroffen haben (sonst ist neben dem Willkürverbot der Grundsatz in dubio pro reo verletzt); *viertens* ob das Tatgericht die lebenslange Freiheitsstrafe ohne Beurteilungsfehler verhängt hat[195].

ff) Das Nichtabwägen von strafmildernden Umständen im Urteil des Landgerichts Frankfurt (Beurteilungsausfall)

Den vierten Punkt der »Beurteilungsfehlerfreiheit« wollen wir nun näher beleuchten. Die Frankfurter Strafkammer setzt sich in ihrer Urteilsbegründung nur mit *einem* entlastenden Moment auseinander. Sie erwähnt lediglich – als hervorstechende Besonderheit des Falles – das Sterbeverlangen des Opfers. Hinzu traten aber noch folgende Umstände, die der Beschwerdeführer auflistet:[196] Die krankhafte Persönlichkeitsstruktur mit schizoiden Zügen;[197] die Reduzierung des Unrechtsbewusstseins auf das Maß einer Tötung auf Verlangen;[198] das umfassende Geständnis des Angeklagten und seine umfassende Mitwirkung bei der Aufklärung des Sachverhalts;[199] der

---

195 Dazu sogleich näher unter ff.

196 Begründung der Verfassungsbeschwerde, S. 40 ff.

197 »Wenn ein auf die Einsichts- und Steuerungsfähigkeit sich auswirkender Defektzustand keine Strafrahmenmilderung wegen ›verminderter Schuldfähigkeit‹ oder ›minder schwerem Fall‹ getragen hat, sind die fraglichen Beeinträchtigungen immerhin im Rahmen der Strafzumessungsentscheidung nach den Vorgaben von § 46 I und II zu berücksichtigen« (*Streng*, Strafrechtliche Sanktionen, 2. Aufl. 2002, Rn. 744; *ders.*, in: MüKo-StGB, Band 1, 2003, § 21 Rn. 41; BGH, StV 1993, 638; *Lenckner / Perron*, in: Schönke / Schröder, Strafgesetzbuch, § 21 Rn. 25; *Horn*, in: SK-StGB, § 46 [2001] Rn. 116: »fehlende oder unzureichende Erörterung ist [...] ein Sachmangel«).

198 Im Urteil des LG Frankfurt wird das zugunsten des Angeklagten unterstellt (S. 51 – rechtliche Würdigung).

199 Bei *Beier* heißt es: »FRANKY war stets uneingeschränkt kooperativ« (Sexueller Kannibalismus, S. 110). – In der Rechtsprechung ist das Geständnis ein anerkannter Milderungsgrund (BGHSt 43, 195, 209; BGH, NJW 1998, 89; NStZ 2008, 338, dort zu einem Fall des § 213 StGB). Die Literatur sieht das zum

bis dahin straffreie Lebenswandel;[200] die Verunglimpfung durch die Medien[201]. All das lässt das Landgericht Frankfurt unerwähnt und stellt es nicht in seine Beurteilung ein. Diese Begründungs*un*tiefe ist nach der Meinung des Dreierausschusses »nicht zu beanstanden«. Die Verfassungsrichter führen dazu aus:

»Das verfassungsrechtliche Schuldprinzip verlangt nicht, dass der Tatrichter in einem Fall der verfassungsrechtlich zulässigen absoluten Androhung der lebenslangen Freiheitsstrafe alle für und gegen den Angeklagten sprechenden Umstände in einer Weise erörtert und darstellt, die den von der Rechtsprechung für den Normalfall der Ausfüllung eines weiten Strafrahmens entwickelten Anforderungen an die Darstellung der wesentlichen Strafzumessungserwägungen nach § 46 StGB in Verbindung mit § 267 Abs. 3 Satz 1 StPO entspräche.«[202]

Über diesen Standpunkt wundert sich, wer die Rechtsprechung des Bundesverfassungsgerichts zu den Haftfortdauerentscheidungen im Recht der Untersuchungshaft kennt. Will ein Oberlandesgericht die Fortdauer der Untersuchungshaft über sechs Monate hinaus verfassungskonform anordnen, hat es ein strenges Begründungserfordernis zu beachten:

»Auf Grund der wertsetzenden Bedeutung des Grundrechts der Freiheit der Person (Art. 2 II 2 und 3 i. V. m. Art. 104 GG) muss das Verfahren der Haftprüfung und Haftbeschwerde so ausgestaltet sein, dass nicht die Gefahr einer Entwertung der materiellen Grundrechtsposition besteht [...]. Dem ist durch [...] *erhöhte Anforderungen an die Begründungstiefe* von Haftfortdauerentscheidungen Rechnung zu tragen.«[203]

Teil anders, umfassend dazu *Hönig*, Die strafmildernde Wirkung des Geständnisses im Lichte der Strafzwecke.

200 Vgl. BGH, NStZ 1988, 70.

201 Dazu allgemein *Hassemer*, NJW 1985, 1921, 1928.

202 2 BvR 587/07, Rz. 39. Der dortige Hinweis auf BVerfGE 86, 288, 315 ist allerdings irreführend, weil es in dieser Entscheidung darum ging, ob bei § 211 StGB neben den Mordmerkmalen weitere straf*schärfende* Schuldmerkmale genannt werden müssen (beispielsweise solche, die für sich genommen zu § 212 Abs. 2 StGB führen). Es ging also nicht darum, ob die lebenslange Freiheitsstrafe in diesem Fall überhaupt schuldangemessen ist, sondern darum, dass das Schwurgericht keine »Übererfüllung« des Nachweises leisten muss. Bei straf*mildernden* Umständen muss anderes gelten, wie der folgende Text darlegt.

203 BVerfG, NStZ-RR 2008, 18, 19.

»Liegt in dieser Hinsicht ein *Abwägungsausfall* vor, so hat dies regelmäßig eine Verletzung des Grundrechts der persönlichen Freiheit zur Folge. Gleiches hat auch für den Fall eines für das Abwägungsergebnis erheblichen *Abwägungsdefizits* [...] zu gelten.«[204]

In einem Beschluss, der drei Monate vor der Kannibalen-Entscheidung gefasst wurde, bestätigen die Verfassungsrichter *Broß*, *Di Fabio* und *Landau* diese Maßstäbe und beschreiben die Anforderungen so:

»Die zugehörigen Ausführungen müssen in Inhalt und Umfang eine Überprüfung des Abwägungsergebnisses am Grundsatz der Verhältnismäßigkeit nicht nur für den Betroffenen selbst, sondern auch für das die Anordnung treffende Fachgericht im Rahmen einer *Eigenkontrolle* gewährleisten und *in sich schlüssig und nachvollziehbar sein.*«[205]

Diese Begründungstiefe ist demnach bei Haftfortdauerentscheidungen sehr wohl nötig, nicht aber bei der Verhängung »lebenslanger Freiheitsstrafe«. Man sollte sich klarmachen, was das bedeutet, wenn man es normativ ausformuliert: Das Freiheitsgrundrecht fordert streng einen bestimmten richterlichen Begründungsmodus bei der Entscheidung über – sagen wir – sechs weitere Monate Untersuchungshaft. Es erklärt sich aber sofort für unbeeinträchtigt, wenn dieser Begründungsmodus bei einer Entscheidung über die lebenslange Freiheitsstrafe nicht praktiziert wird (also bei der Entscheidung zwischen 21 Jahren Durchschnittsverbüßdauer für Mord einerseits und 10 Jahren Netto-Straferwartung für Totschlag andererseits). Bekanntlich ist fraglich, ob es »verfassungswidriges Verfassungsrecht« gibt.[206] Der hier besprochene Beschluss zeigt, dass es jedenfalls verfassungswidrige Entscheidungen des Bundesverfassungsgerichts gibt. Die Ungleichbehandlung in puncto Begründungstiefe lässt sich unter keinem Gesichtspunkt vertreten. Gäbe es eine Instanz über dem Bundesverfassungsgericht, müsste die – selbst bei Anwendung

---

204 So BVerfG, StV 2006, 248 (Hervorhebung nur hier); zuletzt BGH, StV 2008, 421; zu den Anforderungen an die Begründungstiefe vgl. auch BVerfGE 103, 21, 36 ff. (zu § 2 DNA-IFG i. V. m. § 81g StPO).

205 StV 2008, 421 – Hervorhebungen nur hier.

206 Bejahend BVerfGE 1, 14, 32; 3, 225, 233; 34, 9, 19 ff.; ablehnend etwa *Dreier*, in: Dreier, Grundgesetz, Band II, Art. 79 Rn. 14 am Ende; *Hillgruber / Goos*, Verfassungsprozessrecht, Rn. 504; *Hopfauf*, in: Schmidt-Bleibtreu / Hofmann / Hopfauf, Grundgesetz, Art. 93 Rn. 101.

des rigiden Prüfmaßstabs – befinden, dass die Ungleichbehandlung evident ist.

Keinen Sachgrund für eine Differenzierung bietet übrigens der Umstand, dass der Untersuchungshäftling noch als unschuldig gilt. Die beiden Maßnahmen sind insofern gleich und deshalb rechtlich gleich zu behandeln, als die Zulässigkeit der (langen) Freiheitsentziehung *vor der Abwägung* nicht feststeht. Auch das Strafurteil, das die lebenslange Freiheitsstrafe verhängt, will erst plausibel machen, dass die Höchststrafe erforderlich und angemessen ist. Zum Zeitpunkt der Urteilsfindung muss sich das Tatgericht erst noch klar darüber werden, welche Umstände mit welchem Gewicht in die Abwägung einzustellen sind. Weil diese Abwägung, was das Bundesverfassungsgericht ständig betont, einem Beurteilungsspielraum unterliegt, ist es bei ihr ebenso und wegen der Rechtsfolge erst recht geboten, eine schlüssige, nachvollziehbare und die Eigenkontrolle gewährleistende Begründung zu verlangen.

Das Landgericht Frankfurt hätte also nachvollziehbar dokumentieren müssen, dass es alle relevanten Strafmilderungsgründe berücksichtigt hat bei der Entscheidung, ob eine Strafmilderung nach der Rechtsfolgenlösung geboten ist. Dies haben die Frankfurter Richter versäumt und damit »die materielle Grundrechtsposition des Betroffenen […] entwertet«.[207] Aus dem Freiheitsgrundrecht des Angeklagten folgt der Anspruch darauf, dass über die Verhängung der lebenslangen Freiheitsstrafe zumindest ein Gericht in dokumentierter Form *beurteilungsfehlerfrei* entscheidet. Weil der Bundesgerichtshof als Revisionsinstanz und das Bundesverfassungsgericht als Nicht-Superrevisionsinstanz dies nicht tun, sind die Tatgerichte dazu verpflichtet. Diese Beurteilungs- und Begründungspflicht haben die Frankfurter Richter verletzt, weshalb ihr Urteil verfassungswidrig in Art. 2 Abs. 2 S. 2 GG eingreift.[208]

---

207 So die Formulierung des BVerfG zu einem unzulänglich begründeten Haftfortdauerbeschluss, (Beschluss v. 29.3.2007 – 2 BvR 489/07, Rz. 22, StV 2007, 369, 371).

208 Seine verfassungsrechtliche Relevanz verliert das Nichtabwägen eines strafmildernden Umstandes, wenn auch bei seiner Berücksichtigung keine andere Entscheidung in der Sache ergehen konnte. An diese Prognose des BVerfG sind allerdings strenge Anforderungen zu stellen, damit nicht die Verfassungsrichter ihre Beurteilung an die Stelle derjenigen des Tatgerichts setzen. Ein Beispiel wäre

Nur zu diesem Ergebnis passt es, dass das Bundesverfassungsgericht Strafhäftlingen im Recht des Strafvollzugs verfassungsrechtlich abgesicherte Ansprüche auf ermessensfehlerfreie Entscheidungen zuspricht: bei der Entscheidung über den Vollzugsplan;[209] und bei der Entscheidung darüber, ob die Justizvollzugsanstalt dem Strafhäftling ein von einem Dritten an ihn übersandtes Paket mit frischer privater Unterwäsche aushändigt[210].

f) Die Ungleichbehandlung der Erschwerungsgründe (§§ 211 Abs. 2, 212 Abs. 2 StGB)

Oben ist begründet worden, dass Sexualmotive und Ermöglichungsabsicht von der Rechtsprechung willkürlich schlechter behandelt werden als andere niedrige Beweggründe.[211] Dasselbe gilt im Vergleich der übrigen Mordmerkmale zu denjenigen Strafschärfungsgründen, die für sich allein genommen geeignet wären, einen besonders schweren Fall im Sinn des § 212 Abs. 2 StGB zu begründen und also die lebenslange Freiheitsstrafe auszulösen (etwa das Töten *zweier* Opfer[212]): Ist bei *diesen* anerkanntermaßen eine Gesamtwürdigung aller strafzumessungsrelevanten Umstände nötig (§ 212 Abs. 2 StGB), soll bei *jenen* nur unter den strengeren Voraussetzungen der Rechtsfolgenlösung die lebenslange Freiheitsstrafe vermeidbar sein (§ 211 Abs. 2 StGB).[213] Die Erschwerungsgründe des § 211 Abs. 2 StGB und des § 212 Abs. 2 StGB sind jedoch »gleich«, weil nach dem Gesetz jeweils diese Umstände den Totschlag zu einem machen, der mit

---

etwa der Fall, dass als einziger strafmildernder Gesichtspunkt der Täter einer grausamen Tötung von der Presse als »Bestie« und dergleichen betitelt und vorverurteilt worden ist und das Tatgericht diesen Umstand nicht einbezogen hat bei der Verurteilung zu Mord und lebenslanger Freiheitsstrafe.

209 NStZ 2003, 620 f.: »Zu den Vorgaben, deren Einhaltung der Gefangene danach beanspruchen kann, gehört, dass über die konkreten Inhalte des Vollzugsplans ermessensfehlerfrei entschieden wird.«

210 NStZ-RR 1997, 59, 60: »Der Bf. hat zwar hinsichtlich des Empfangs eines Pakets nach § 33 I 3 StVollzG nur einen Anspruch auf ermessensfehlerhafte Entscheidung, die JVA hat vorliegend ihr Ermessen jedoch offensichtlich fehlerhaft ausgeübt.«

211 Siehe unter b und c aa.

212 BGH, NJW 1981, 2310; *Hartmut Schneider*, in: MüKo-StGB, Band 3, § 211 Rn. 64; *Arbeitskreis AE*, GA 2008, 193, 200, 225 f.

213 Vgl. BGHSt 30, 105 bzw. BGH, NStZ-RR 2004, 205.

lebenslanger Freiheitsstrafe zu ahnden ist. Daher müssen sie rechtlich gleich behandelt werden.[214] Besonders deutlich tritt – in Bezug auf den Fall *Meiwes* – die Ungleichbehandlung der Strafschärfungsgründe zutage, wenn man ein auf Wertungen des Bundesgerichtshofs gestütztes Beispiel *Hartmut Schneiders* vergleichend heranzieht. Nach ihm soll die *Tötung zweier Opfer* möglicherweise dann nicht über § 212 Abs. 2 StGB zur lebenslangen Freiheitsstrafe führen, wenn die Opfer den Täter provoziert haben.[215] Das bloße Provozieren soll also den Unwert zweier Tötungen unter die Höchststrafwürdigkeit zwingen können, hingegen soll das ausdrückliche und für ernstlich gehaltene Sterbe*verlangen* des *B.* – nach den Strafrichtern – die Höchststrafwürdigkeit nicht antasten. Das ist im Verhältnis zueinander offensichtlich unhaltbar und bestätigt, dass Erschwerungsgründe, die für sich genommen dasselbe Gewicht haben, unterschiedlich behandelt werden, je nachdem ob sie dem § 211 Abs. 2 StGB oder dem § 212 Abs. 2 StGB zugeschlagen werden.

Die Ungleichbehandlung tritt im Fall *Meiwes* noch aus einem anderen Grund hervor. Das Landgericht Kassel hatte auf Totschlag erkannt, und es hätte daher einen besonders schweren Fall annehmen können, sofern die erschwerenden Gründe (»Zerstückeln der Leiche«[216] etc.) sich gegenüber den Milderungsgründen durchgesetzt hätten. Die Gesamtwürdigung hatte aber offensichtlich ergeben, dass Erschwerungs- und Milderungsgründe die Tat nicht höchststrafwürdig erscheinen lassen. Subsumiert man nun dieselben Erschwerungsgründe unter ein Mordmerkmal, bringt sie also nicht über § 212 Abs. 2 StGB, sondern über § 211 Abs. 2 StGB in Anschlag, zeigt die von den Frankfurter Richtern vollzogene Ablehnung von Milderung und Rechtsfolgenlösung, dass die Erschwerungsgründe dann ein höheres oder die Milderungsgründe ein geringeres Gewicht haben. Für diese Ungleichbehandlung gibt es keinen Sachgrund.

---

214 So *Mitsch*, JZ 2008, 336, 338 – mit eingehender Begründung.

215 *Hartmut Schneider*, in: MüKo-StGB, Band 3, § 211 Rn. 64 in Fn. 182 a.E unter Verweis auf BGH, NStZ 2003, 233 f.; vgl. auch bei *Horn*, in: SK-StGB, § 212 (Stand: 2000) Rn. 38.

216 Vgl. bei *Hartmut Schneider*, in: MüKo-StGB, Band 3, § 211 Rn. 63 – gemeint ist dort aber der Fall, dass das Opfer sich *nicht* mit der Zerstückelung einverstanden erklärt hatte.

Schließlich würde es, betrachtet man den Fall *Meiwes* erneut im Rahmen des § 212 Abs. 2 StGB, sehr zur Verneinung des besonders schweren Falles drängen, dass das Tatgeschehen einer Privilegierung nahekommt. Denn immerhin lag ja ein ausdrückliches Sterbeverlangen des *B.* vor, das *Meiwes* obendrein als ernstlich eingestuft hatte. Einschlägig wäre im Rahmen des § 212 Abs. 2 StGB daher die Wertung des Bundesgerichtshofs:

»Liegt das Verhalten des Angekl. in der Nähe zu dem in § 213 Alt. 1 StGB umschriebenen zwingenden Strafmilderungsgrund, so kann ein besonders schwerer Fall mit der Folge lebenslanger Freiheitsstrafe von Rechts wegen nur dann angenommen werden, wenn demgegenüber besonders gewichtige, die Schuld des Täters steigernde Umstände vorliegen, die bei einer Gesamtwürdigung eine einer Mordtat entsprechende Schwere der Tatschuld erkennbar machen.«[217]

Vergleicht man diese Wertung mit der Rechtsfolgenlösung des Bundesgerichtshofs, so wird der unterschiedliche Maßstab der Strafgerichte sichtbar: Bei § 211 StGB führen strafmildernde Umstände nur ganz ausnahmsweise zur Schwächung des strafschärfenden Umstands (Mordmerkmalsumstand), und zwar im Fall *Meiwes* nicht einmal dann, wenn eine starke Nähe zur Privilegierung des § 216 Abs. 1 StGB besteht; bei § 212 Abs. 2 StGB hingegen ist die Annahme eines besonders schweren Falles so gut wie ausgeschlossen, wenn die Nähe zu einem gesetzlich vertypten Milderungsgrund (etwa § 213 StGB) besteht. Und diese Wertungsdiskrepanz wird noch dadurch verstärkt, dass die Unrechtsminderung des § 216 Abs. 1 StGB, wie man an den Strafrahmen ablesen kann, ein größeres Gewicht hat als die Schuldminderung des § 213 StGB.

Mitsch hatte als Prozessbevollmächtigter des Beschwerdeführers die Ungleichbehandlung zwischen §§ 211, 212 Abs. 2 StGB in der Begründung zur Verfassungsbeschwerde sehr klar herausgearbeitet.[218] Und man begreift deshalb nicht recht, wie lapidar die Verfassungs-

---

217 BGH, NJW 1981, 2310, 2311; ebenso *Eser*, in: Schönke / Schröder, Strafgesetzbuch, § 212 Rn. 12 am Ende: »Daher kann vor allem dann, wenn das Tatgeschehen einem Milderungsgrund nahekommt, die Annahme eines besonders schweren Falles ausgeschlossen sein.«

218 S. 66 ff.; ebenso klar in JZ 2008, 336, 338.

richter den Einwand abtun. Zunächst artikulieren sie einen unplausiblen Zweifel:

»Die Frage, ob eine verfassungsrechtlich relevante Ungleichbehandlung hier angesichts dessen, dass § 212 Abs. 2 StGB ebenso wie § 211 StGB die Verhängung einer lebenslangen Freiheitsstrafe vorsieht, überhaupt vorliegt, kann dahinstehen.«

Die Ungleichbehandlung liegt darin, dass strafmildernde Umstände im Rahmen des § 212 Abs. 2 StGB viel eher die lebenslange Freiheitsstrafe vermeiden und sich also viel eher durchsetzen können gegen strafschärfende Gründe (die für sich betrachtet das Gewicht eines Mordmerkmals haben und also unter dem Aspekt der Strafschärfung den Erschwerungsgründen der Mordmerkmale gleichstehen). Die Rechtsprechung macht daraus keinen Hehl, sondern bekennt sich dazu, nur bei § 212 Abs. 2 StGB eine Gesamtwürdigung vorzunehmen. Die Ungleichbehandlung liegt also auf der Hand.

Die sachliche Auseinandersetzung der Verfassungsrichter, worin die Ungleichbehandlung gerechtfertigt wird, erschöpft sich dann in der Passage:

»Denn die Tötung eines Menschen unter Verwirklichung eines Mordmerkmals hebt sich unter dem Gesichtspunkt der Tatschwere und der Täterschuld wesentlich von anderen Fällen der vorsätzlichen Tötung ab [...], zumal von denjenigen, bei denen eine Gesamtwürdigung einschließlich der für den Täter sprechenden Umstände gerade nicht zur Annahme eines besonders schweren Falls führt und sich diese Umstände – hierauf zielt die Argumentation des Beschwerdeführers offenbar ab – insoweit gerade auswirken.«

Nein, darauf zielt die Argumentation, wie dargelegt, nicht ab. Ein Gegenargument finde ich darin nicht. Dem Beschluss lässt sich auch nicht entnehmen, ob die Verfassungsrichter die Argumentation des Prozessbevollmächtigten nachvollzogen haben.

Es bleibt also dabei: Die Auslegung und Anwendung der Mordmerkmale, wie der Bundesgerichtshof und das Landgericht Frankfurt sie praktizieren, führt dazu, dass sich vorhandene Milderungsgründe im Rahmen der §§ 211 Abs. 2, 212 Abs. 2 StGB ungleich auswirken, denn sie vermeiden beim Totschlag eher und häufiger die lebenslange Freiheitsstrafe als beim Mord. Weil es dafür keinen Sachgrund gibt, verstößt diese Rechtspraxis der Strafgerichte gegen Art. 3 Abs. 1 GG.

2. Verfassungswidrigkeit der Rechtsnorm (§ 211 StGB)?

Die jüngste Begründung, aus der die Verfassungswidrigkeit des § 211 StGB folgen soll, hat *Mitsch* gegeben. Ausgangspunkt seiner Ableitung ist, dass das Bundesverfassungsgericht die Verfassungsgemäßheit des § 211 StGB von der Erfüllung gewisser Auflagen für die Strafgerichte abhängig gemacht habe:

> »Nur bei strikter Einhaltung der dem Verhältnismäßigkeitsgebot korrespondierenden Bestrafungsgrenzen, was im konkreten Fall gegebenenfalls eine verfassungskonforme – d. h. restriktive – Auslegung der Mordmerkmale erfordert, kann sich ein Gericht auf den Spruch der Verfassungsrichter berufen.«[219]

Diese Einhaltung des Verhältnismäßigkeitsgebotes sei aber nicht festzustellen. Darüber hinaus verstoße die Rechtsprechung gegen Art. 3 Abs. 1 GG, wenn sie eine Gesamtwürdigung (aller Strafzumessungsgründe) nur verlange bei »niedrigen Beweggründen« und den Erschwerungsgründen des § 212 Abs. 2 StGB, hingegen nicht bei den übrigen Mordmerkmalen.[220] Dem habe ich oben für die subjektiven Mordmerkmale zugestimmt.[221] *Mitsch* zieht aber das Resümee:

> »Den Gerichten ist das nicht unbedingt vorzuwerfen, denn sie sind an das Gesetz gebunden, Art. 20 Abs. 3 GG. Das Gesetz – § 211 StGB – läßt der Strafrechtsanwendung zu wenig Spielraum, um im Einzelfall Entscheidungen zu treffen, die mit dem Grundgesetz, insbesondere mit Art. 3 Abs. 1 GG, im Einklang stehen. Das Bundesverfassungsgericht hat daher von der Rechtsprechung etwas erwartet, was diese nicht leisten kann.«[222]

Aber diese Nachsicht gegenüber den Strafgerichten erscheint mir nicht am Platz. *Mitsch* selber legt dar, dass geeignete Restriktionen zur Verfügung stehen: Die Ungleichbehandlung der benannten und unbenannten niedrigen Beweggründe ließe sich vermeiden, indem man die Gesamtwürdigung auf die benannten Motive der 1. und 3. Mordmerkmalsgruppe erstreckte; der Bundesgerichtshof hat das, worauf *Mitsch* ebenfalls hinweist, bereits erwogen und die Stimmigkeit

---

219 JZ 2008, 336 – unter Verweis auf BVerfGE 45, 187, 261.

220 JZ 2008, 336, 337 ff.

221 Unter 1 f, S. 71 ff.

222 JZ 2008, 336, 338 rechte Spalte unten.

der Konzeption dargetan, den Ansatz aber nicht weiterverfolgt.[223] Eine Gleichbehandlung der Erschwerungsgründe der §§ 211 Abs. 2, 212 Abs. 2 StGB ließe sich ebenfalls erreichen. Die Rechtsprechung müsste die Notwendigkeit einer Gesamtwürdigung aller Strafzumessungsgründe nur auf § 211 Abs. 2 StGB übertragen. Das liefe in der Sache auf eine »negative Typenkorrektur« hinaus.[224] Man wende nicht ein, dem stehe die richterliche Gesetzesbindung entgegen.[225] Die Rechtsprechung macht – blickt man nur auf die Rechtsfolge »lebenslänglich« – nichts anderes als eine negative Typenkorrektur, wenn sie die Rechtsfolgenlösung anwendet, nur eben auf der Rechtsfolgenseite; ihr Maßstab »ganz außergewöhnlicher Umstände« ist aber strenger als bei § 212 Abs. 2 StGB und deshalb nicht gleichheitssatzkonform. Den Strafrichtern eine Gesamtwürdigung bei § 211 StGB unter Berufung auf die Gesetzesbindung zu verwehren, ist daher unplausibel, insbesondere die Strafgerichte dürften so nicht argumentieren, weil sie mit der Rechtsfolgenlösung diese Bindung gerade abgestreift haben. Ohnehin hatte das Bundesverfassungsgericht die »negative Typenkorrektur« für verfassungsgemäß erklärt und dem Bundesgerichtshof nahegelegt.[226]

Die Restriktion schon des Mord*tatbestandes* ist es auch, die sich stimmig einfügt in die sonstige Praxis der Vermeidung unverhält-

---

223 BGHSt 35, 116, 126f. – der dort artikulierte Zweifel, ob die formale Trennung der Mordmerkmalsgruppen einer Erstreckung auf die Absichten entgegenstehe, greift nicht durch (dazu oben 1 d aa., im Text ab Fn. 106, S. 35).

224 Vgl. zu dieser Forderung der Literatur *Geilen*, JR 1980, 309ff.; *Günther*, NJW 1982, 353ff., *ders.*, JR 1985, 268ff.; *Horn*, in: SK-StGB, § 211 (Stand: 2000) Rn. 6.

225 Vgl. statt vieler *Krey / Heinrich*, Strafrecht Besonderer Teil, Band 1, Rn. 54: »Gesetzeskorrektur«, allerdings konsequent auch gegen die Rechtsfolgenlösung: »Rechtsfindung contra legem« (Rn. 67). Für die im Fall *Meiwes* in Rede stehenden subjektiven Mordmerkmal haben *Krey* und *Heinrich* Recht, wenn sie betonen, dass sich de lege lata eine »restriktive Auslegung der einzelnen Mordmerkmale« anbiete (Rn. 55).

226 BVerfGE 45, 187, 267: »Ob das generell ungeschriebene Merkmal ›besondere Verwerflichkeit der Tat‹ wieder eingeführt [...] wird, darüber zu entscheiden, ist die Aufgabe des für die Auslegung der Strafrechtsnormen letztlich zuständigen Bundesgerichtshofs. Bei einer derartigen Auslegung, die mit dem Wortlaut des § 211 Abs. 2 StGB vereinbar ist und der Vorschrift einen vernünftigen, dem erkennbaren Gesetzeszweck nicht zuwiderlaufenden Sinn beläßt, ist die Verfassungsmäßigkeit der Bestimmung zu bejahen.«

nismäßiger Bestrafung.[227] So grenzt man etwa das Verbrennen einer fremden Popcorntüte aus dem Verbrechenstatbestand des § 306 Abs. 1 Nr. 6 StGB aus. Warum eine solche Restriktion bei § 211 StGB nicht ebenso zulässig sein soll, ist nicht ersichtlich. Außerdem entspräche es noch der Gesetzesbindung, wenn man sich für die Einstufung als »besonders verwerflich« an den materialen Leitprinzipien der Morddelinquenz orientiert. Wollte der Gesetzgeber den »Mörder« beispielsweise auch deshalb mit lebenslanger Freiheitsstrafe belegen, weil der Täter besonders gefährlich ist, dann entspricht es gerade nicht seinem Willen, auch dann lebenslange Freiheitsstrafe zu verhängen, wenn die Gefährlichkeit des Täters nur die eines Durchschnittstotschlägers aufweist. Es ist daher nicht einmal eine methodische Besonderheit, bei § 211 StGB eine »negative Typenkorrektur« vorzunehmen. Wie überall sonst fragt hier der Rechtsanwender danach, ob die Subsumtion des Falles unter die Gesetzesmerkmale noch zur Rechtsfolge passt, ob diejenigen Gründe gegeben sind, die der Gesetzgeber herangezogen hat und deretwegen er die Strafe oder (hier) Strafschärfung für »erforderlich« und »angemessen« gehalten hat.

Auch der übliche Hinweis auf die »Unberechenbarkeit« einer Typenkorrektur hat kein Gewicht, denn die Rechtsfolgenlösung schneidet in dieser Hinsicht nicht besser ab,[228] auch sie ist auf eine Gesamtwürdigung angewiesen.[229] Dass die Vagheit der Gesamtwürdigung keinen Einwand bietet, müsste auch *Mitsch* einräumen. Das kann man seinem Gesetzesvorschlag entnehmen, mit dem er die Verfassungsgemäßheit der Norm herstellen will: Um dem Strafrichter den nötigen Spielraum zu verschaffen, wird die Anwendung des § 213 StGB auf § 211 StGB erstreckt und für Mordtaten die lebenslange Freiheitsstrafe in eine zeitige von »nicht unter fünf Jahren« umgewandelt.[230] Aufschluss bietet der Umstand, dass die Auffangvoraus-

227 Näher *Herzberg*, JZ 2000, 1093, 1097 ff. – dort auch zum folgenden Beispiel.

228 »Wer vermag eigentlich noch zu sagen, wann auf diese Hilfskonstruktion zurückgegriffen werden darf und wann nicht?«, fragt *Mitsch* und zeigt anhand der »Erpressertötung« und der »Haustyrannentötung« die Beliebigkeit der Handhabung auf (JZ 2008, 336, 337); dazu auch *Hillenkamp*, in: Festschrift für Rudolphi, S. 463, 468 und 480.

229 *Herzberg*, JZ 2000, 1093, 1098; vgl. auch bei *Krey / Heinrich*, Strafrecht Besonderer Teil, Band 1, Rn. 69.

230 JZ 2008, 336, 340.

setzung des § 213 StGB »sonst ein minder schwerer Fall« an Kriterien nichts vorgibt; die Norm hätte also der »negativen Typenkorrektur« insoweit nichts voraus, weil die Strafrichter – wie jetzt auch – auf sich selber gestellt sind, um die »besonders verwerflichen« Tötungen mittels einer Gesamtwürdigung von anderen zu unterscheiden. – Die Notwendigkeit der Gesamtwürdigung muss auch der Gesetzgeber anerkennen, weil eben jeder Strafmilderungsgrund den Ausschlag geben und die Höchststrafe unverhältnismäßig sein lassen kann.

Gesetzesbindung der Strafrichter und Unberechenbarkeit der Restriktion lassen sich also der »negativen Typenkorrektur« nicht mit Erfolg entgegensetzen. Bezeichnend ist schließlich, dass der Bundesgerichtshof bekanntlich keine weiteren Bedenken trägt, wenn es um die Restriktion des Verbrechenstatbestandes der Rechtsbeugung geht (§ 339 StGB). Eine Beugung des Rechts soll noch nicht bei »bloßer [!] Unvertretbarkeit« der Entscheidung vorliegen, sondern erst, wenn der Täter einen »elementaren Rechtsbruch« begehe, wenn er sich also »bewusst und in schwerwiegender Weise von Recht und Gesetz« entferne.[231] Einzig tragfähiger Gesichtspunkt für eine solche Restriktion ist – vom Ansatz her, nicht im Ergebnis – die hohe Mindeststrafandrohung des § 339 StGB.[232] Die Strafandrohung in § 211 StGB soll es dagegen nicht erforderlich machen, den Mordtatbestand einschränkend zu interpretieren. Das ist keine gelungene Unterscheidung.

Die Strafgerichte hätten demnach den Auftrag des Bundesverfassungsgerichts, Verfassungskonformität des § 211 StGB zu gewährleisten, durchaus erfüllen können. Weil die Strafrichter folglich ohne Not die Ungleichbehandlung praktizieren, hätte das Bundesverfassungsgericht ihnen die Vornahme einer »negativen Typenkorrektur« verbindlich vorschreiben müssen.[233] Bei einem solchen Spruch der Verfassungsrichter hätte § 211 StGB Bestand gehabt, und die Ungleichbehandlung wäre – zumindest dem Ansatz nach – beseitigt worden. Dabei mag es zwar vor dem Hintergrund der Sanktions-

231 BGHSt 32, 357, 363 f.; ständige Rechtsprechung; zuletzt BGHSt 47, 105, 108 f.

232 Vgl. die bündige und völlig zutreffende Kritik von *Fischer*, Strafgesetzbuch, § 339 Rn. 14 ff.

233 Im Fall *Meiwes* hätte es freilich genügt, die subjektiven Mordmerkmale gleichheitssatzkonform auszulegen. Sämtliche Motive wären dann nicht als »niedrig« einzustufen gewesen.

schwere noch einerlei sein, ob der Mord*tatbestand* eingeschränkt wird (Typenkorrektur) oder erst die *Rechtsfolge* (Rechtsfolgenlösung). Doch unter dem Gesichtspunkt der Stigmatisierung des Täters ist es bedeutsam, dass der Schuldspruch auf »Mord« lautet und damit Höchststrafwürdigkeit der Tat ausdrückt. Dieser Einschätzung unterläge der Täter, dessen Strafe unter Anwendung der Rechtsfolgenlösung gemildert wird, dann nämlich zu Unrecht. Weil man darin eine unzulässige Beeinträchtigung seines Persönlichkeitsrechts sehen kann, hätte die Typenkorrektur den weiteren Vorteil, diesen Eingriff zu vermeiden.[234]

Lässt man diese Ausführungen nicht gelten, sondern bezieht man den Standpunkt, dass die Gesetzeslage den Strafgerichten eine negative Typenkorrektur versage und ihr allenfalls eine *strenge* Rechtsfolgenlösung vorschreibe, dann freilich hat *Mitsch* Recht und § 211 StGB kann wegen der aufgezeigten Ungleichbehandlungen vor dem Grundgesetz nicht bestehen.

---

234 Vgl. dazu bei *Günther*, NJW 1982, 353, 355; *Hans-Joachim Hirsch*, in: Festschrift für Tröndle, S. 19, 28; auch *Eser*, in: Schönke / Schröder, Strafgesetzbuch, § 211 Rn. 10b; *Wessels / Hettinger*, Strafrecht Besonderer Teil 1, Rn. 89. Der Gesetzesvorschlag von *Mitsch* hätte freilich den Vorzug, dass die Richter wegen »Mordes in einem minder schweren Fall« verurteilen könnten; dieser Tenor drückt den Unwert der Tat vielleicht am besten aus.

V. Fazit und Schlussbemerkung

Gleichbehandlungsgebot und Freiheitsgrundrecht verlangen mit Blick auf die subjektiven Mordmerkmale, dass sowohl bei den Motiven der 1. Mordmerkmalsgruppe als auch bei den Absichten der 3. Gruppe eine Gesamtschau aller strafzumessungsrelevanten Umstände vorgenommen wird (Art. 3 Abs. 1, 2 Abs. 2 S. 2 GG).[235] Insoweit hat der Angeklagte, wenn ihm gegenüber »lebenslänglich« verhängt werden soll, einen Anspruch auf beurteilungsfehlerfreie Entscheidung (Art. 2 Abs. 2 S. 2 GG).[236] Damit korrespondiert die Begründungstiefe, mit der eine solche Gesamtschau im Urteil darzustellen ist: Die Tatgerichte müssen bei Verhängung der lebenslangen Freiheitsstrafe plausibel dokumentieren, dass sie alle Strafmilderungsumstände berücksichtigt haben. – Das Bundesverfassungsgericht hat mehrfach betont, dass der Gesetzgeber darüber zu entscheiden habe, inwieweit er ein Verhalten unter Strafe stelle (etwa § 216 oder § 212 oder § 211), und dass es den Strafgerichten verwehrt sei, seine Entscheidung zu korrigieren.[237] Das Freiheitsgrundrecht gebietet es, diese Aussage des Bundesverfassungsgerichts – anders als bisher – ernst zu nehmen. Das bedeutet vor allem, dass die Strafgerichte den klar erkennbaren Gesetzgeberwillen in puncto Strafmaß nicht missachten und überbieten dürfen (Art. 2 Abs. 2 GG mit Art. 20 Abs. 3 GG).[238]

Im Fall des »Kannibalen von Rotenburg« ist gegen all diese Vorgaben verstoßen worden. Daneben finden sich weitere Verfassungsverstöße.[239] Vor diesem Hintergrund überzeugt es nicht, wenn der Dreierausschuss die Verfassungsgemäßheit des § 211 StGB mit dem Hinweis stützt, bislang sei vom Bundesverfassungsgericht noch nie eine Verurteilung wegen Mordes mit Verhängung einer lebens-

235 Näher unter IV 1 c aa und d aa bzw. unter IV 2.

236 Oben unter IV e ff.

237 Dazu oben unter III 2.

238 Ebenda.

239 Vgl. im Einzelnen oben III 2, IV 1 unter c, d, e und f.

langen Freiheitsstrafe als verfassungswidrig aufgehoben worden.[240] Das wird, so möchte man sagen, wenn dafür Verstöße gegen Schuldgrundsatz *und* Gleichbehandlungsgebot nicht genügen, wohl auch so bald nicht passieren. Das Verfassungsgericht sollte aber nicht in der selbst auferlegten Zurückhaltung verharren, sondern, um die »trostlose Misere«[241] der Interpretation des § 211 StGB zu beenden, den Strafgerichten die Anwendung einer negativen Typenkorrektur vorschreiben. Dies verlangt das Gleichbehandlungsgebot.[242]

Wenn die Verfassungsrichter sich an diesem Schritt aus Gründen der fachgerichtlichen Zuständigkeit gehindert sehen, dann müssen sie den § 211 StGB für verfassungswidrig erklären. Mit solchen Nichtigkeitserklärungen ist das Bundesverfassungsgericht bekanntlich sehr zurückhaltend. In einem Diskussionsbeitrag auf der Strafrechtslehrertagung 2007 in Osnabrück erklärte *Winfried Hassemer*, damals noch Vizepräsident des Verfassungsgerichts, warum das so ist: Die Zurückhaltung beruhe auf dem »Respekt vor der Entscheidung des Gesetzgebers«. Und auch in manchen Urteilen des Bundesverfassungsgerichts wird dies betont:

> »Der Respekt vor der gesetzgebenden Gewalt (Art. 20 Abs. 2 GG)« gebiete es, »in den Grenzen der Verfassung das Maximum dessen aufrechtzuerhalten, was der Gesetzgeber gewollt hat«.[243]

Diese Haltung ist natürlich im Grunde zu begrüßen und ganz im Sinn der Gewaltenteilung. Aber wie ist das Prinzip im Fall *Meiwes* umgesetzt worden: Aus Respekt vor der Entscheidung des Gesetzgebers lassen die Verfassungsrichter den »problematischen«[244] § 211 StGB unangetastet, und zu seiner Rettung genügt jeder Strohhalm, mit dessen Hilfe sich die Strafrichter aus der Verfassungswidrigkeit vielleicht herausziehen und zu einer schuldangemessenen Strafe kommen können; und *schuldangemessen* sei die lebenslange Freiheitsstrafe in diesem Fall schließlich ohnehin. Das Ganze weist jedoch die Misslichkeit auf, dass die »Entscheidung des Gesetz-

240 2 BvR 578/07, Rz. 21.

241 *Otto*, NStZ 2004, 142, 143; vgl. auch die in Fn. 14 Genannten.

242 Dazu oben unter V 1 f und 2.

243 BVerfGE 86, 288, 320.

244 BVerfGE 45, 187, 269.

gebers« für *Meiwes* lediglich »Freiheitsstrafe ... bis zu fünf Jahren« vorsieht (§ 216 Abs. 1 StGB).[245]

Man kann die Erkenntnis nicht verdrängen, dass dem Beschwerdeführer mit der Verhängung der lebenslangen Freiheitsstrafe Unrecht widerfahren ist[246] – wenn es einem auch den Magen umdreht, so hehre Prinzipien wie Gleichbehandlung und Verhältnismäßigkeit in einem so abscheulichen Fall verteidigen zu müssen. Andererseits gilt auch wieder, was der Prozessbevollmächtigte in der Begründung der Verfassungsbeschwerde ausführt:

»Das Maß an Menschlichkeit und Gerechtigkeit, das ein Gemeinwesen auszeichnet, wird in nicht zu überbietender Deutlichkeit durch die Art und Weise gekennzeichnet, wie das in diesem Gemeinwesen geltende Recht mit den Mitgliedern umgeht, die sich der schwersten Verfehlungen gegen dieses Recht schuldig gemacht haben: Mördern und Totschlägern. Die strafrechtliche Behandlung dieser Gruppe von Rechtsunterworfenen sagt viel aus über den moralischen und rechtlichen Zustand der Gesellschaft und über die Prägekraft der Anwendung allen Rechts unter der die konstitutionelle Ebene überwölbenden Verfassung.«[247]

»Hard cases make bad law«, sagen die Amerikaner. Und sie haben wohl Recht damit.

---

245 Vgl. im Text unter Punkt III 2 bei Fn. 45.

246 Vgl. schon *Mosbacher*, JfRuE 2006, S. 479, 498 f.

247 Begründung der Verfassungsbeschwerde, S. 70; vgl. auch *Landau*, in: Festschrift zu Ehren des Strafrechtsausschusses der Bundesrechtsanwaltskammer, S. 201, 216: »Strafrecht [...] als Seismograph der Verfassung«.

Literaturverzeichnis

Arbeitskreis AE: Alternativ-Entwurf-Leben (AE-Leben), GA 2008, 193 ff.

Arzt, Günther / Weber, Ulrich: Strafrecht Besonderer Teil, Bielefeld 2000.

Aselmann, Maike: Anmerkung zu BGH, Beschl. v. 3.5.2000 – 1 StR 125/00, JR 2001, 8.

Beier, Klaus M.: Sexueller Kannibalismus – Sexualwissenschaftliche Analyse der Anthropophagie, München 2007.

Benda, Ernst / Klein, Eckart (Hrsg.): Verfassungsprozessrecht, 2. Aufl., Heidelberg 2001.

Bernsmann, Klaus: Zur Konkurrenz von »privilegierten« (§§ 213, 216, 217) und »qualifizierten« Tötungsdelikten (§ 211), JZ 1983, 45 ff.

Dreier, Horst: Grundgesetz – Kommentar, Band II (Art. 20–82), 2. Aufl., Tübingen 2006; Band III (Art. 83–146), 2. Aufl., Tübingen 2008.

Duden – Das große Wörterbuch der deutschen Sprache, Band 10, 3. Aufl., Mannheim – Wien – Zürich 1999.

Eisenberg, Ulrich: Beweisrecht der StPO – Spezialkommentar, 6. Aufl., München 2008.

Feinberg, Joel: Offense to Others, New York – Oxford 1985.

Fischer, Thomas: Strafgesetzbuch und Nebengesetze, 56. Aufl., München 2009.

Freund, Georg: Kein Verdeckungsmord ohne zeitliche Zäsur bei versuchter Tötung als Vortat? – BGH, NStZ 2002, 253, JuS 2002, 640 ff.

ders.: Strafrecht Allgemeiner Teil – Personale Straftatlehre, 2. Aufl., Berlin – Heidelberg 2009.

Geilen, Gerd: Zur Entwicklung und Reform der Tötungsdelikte – Bemerkungen zum Stand der Diskussion, JR 1980, 309 ff.

Gössel, Karl Heinz / Dölling, Dieter: Strafrecht Besonderer Teil 1 – Straftaten gegen Persönlichkeits- und Gemeinschaftswerte, 2. Aufl., Heidelberg 2004.

Große-Vehne, Vera: Tötung auf Verlangen (§ 216 StGB), »Euthanasie« und Sterbehilfe – Reformdiskussion und Gesetzgebung seit 1870, Berlin 2005.

Groth, Joachim: Verdeckungsmord als doppelt motivierter Handlungsakt – Ein Beitrag zur Abgrenzung des Verdeckungsmordes vom Verdeckungstotschlag, Frankfurt a. M. – Berlin – Bern – Bruxelles – New York – Oxford – Wien 1993.

Günther, Hans-Ludwig: Lebenslang für »heimtückischen Mord«? – Das Mordmerkmal »Heimtücke« nach dem Beschluß des Großen Senats für Strafsachen, NJW 1982, 353 ff.

ders.: Mordunrechtsmindernde Rechtfertigungselemente – Ein Beitrag zur Konkretisierung unverhältnismäßiger Grenzfällle des § 211 StGB, JR 1985, 268 ff.

Hardtung, Bernhard: Versuch und Rücktritt bei den Teilvorsatzdelikten des § 11 Abs. 2 StGB, Köln – Berlin – Bonn – München 2002.

Hassemer, Winfried: Vorverurteilung durch die Medien?, NJW 1985, 1921 ff.

Heine, Günter: Stand und Entwicklung der Mordtatbestände, in: Ehrengabe für Anne-Eva Brauneck, hrsg. von Kreuzer / Jäger / Otto / Quensel / Rolinski, Godesberg 1999, S. 315 ff.

ders.: Mord und Mordstrafe: Grundmängel der deutschen Konzeption und rechtsvergleichende Reformüberlegungen, GA 2000, 305 ff.

Herzberg, Rolf Dietrich: Das Zusammentreffen privilegierender und qualifizierender Umstände bei den Tötungsdelikten, JZ 2000, 1093 ff.

Hillenkamp, Thomas: Zum Heimtückemord in Rechtfertigungslagen, in: Festschrift für Hans Joachim Rudolphi, hrsg. von Rogall / Puppe / Stein / Wolter, Neuwied 2004, S. 463 ff.

Hillgruber, Christian / Goos, Christoph: Verfassungsprozessrecht, 2. Aufl., Heidelberg 2006.

v. Hirsch, Andrew: The Offense Principle in Criminal Law: Affront to Sensibility or Wrongdoing, King's College Law Journal 2000, 82 ff.

Hirsch, Hans-Joachim: Zum Spannungsverhältnis von Theorie und Praxis im Strafrecht, in: Festschrift für Herbert Tröndle, hrsg. von Jescheck / Vogler, Berlin – New York 1989, S. 20 ff.

Hönig, Sandra: Die strafmildernde Wirkung des Geständnisses im Lichte der Strafzwecke, Frankfurt a. M. – Berlin – Bern – Bruxelles – New York – Oxford – Wien 2004.

Hörnle, Tatjana: Grob anstößiges Verhalten. Strafrechtlicher Schutz von Moral, Gefühlen und Tabus, Frankfurt a. M. 2005.

dies.: Das Verbot des Geschwisterinzests – Verfassungsgerichtliche Bestätigung und verfassungsrechtliche Kritik, NJW 2008, 2085 ff.

Jakobs, Günther: Strafrecht Allgemeiner Teil. Die Grundlagen und die Zurechnungslehre, 2. Aufl., Berlin – New York 1991.

Jarass, Hans D. / Pieroth, Bodo: Grundgesetz für die Bundesrepublik Deutschland – Kommentar, 9. Aufl., München 2007.

Jung, Heike: Was ist eine gerechte Strafe?, JZ 2004, 1155 ff.

Kindhäuser, Urs: Strafrecht Besonderer Teil I – Straftaten gegen Persönlichkeitsrechte, Staat und Gesellschaft, 3. Aufl., Baden-Baden 2007.

Knecht, Thomas: Kannibalismus, Grundlagen zum Verständnis einer menschlichen Verirrung, Kriminalistik 2004, 489 ff.

Köhne, Michael: Mord und Totschlag – Notwendige Reform der vorsätzlichen Tötungsdelikte, ZRP 2007, 165 ff.

ders.: Die Mordmerkmale Mordlust und zur Befriedigung des Geschlechtstriebs, Jura 2009, 100 ff.

Kretschmer, Bernhard: Der Grab- und Leichenfrevel als strafwürdige Missetat, Baden-Baden 2002.

Kreuzer, Arthur: Einverständliches Töten als Mord?, MschrKrim 2005, 412 ff.

ders.: Herausforderungen des »Kannibalen-Prozesses«, StV 2007, 598 ff.

Krey, Volker / Heinrich, Manfred: Strafrecht Besonderer Teil, Band 1 (Besonderer Teil ohne Vermögensdelikte), 14. Aufl., Stuttgart 2008.

Kubiciel, Michael: »Kannibalen«-Fall, JA 2005, 763 ff.

Kudlich, Hans: Anmerkung zu BGHSt 50, 80 ff., JR 2005, 342 ff.

Kuhlen, Lothar: Die verfassungskonforme Auslegung von Strafgesetzen, Heidelberg 2006.

Küper, Wilfried: Der Rücktritt vom »erfolgsqualifizierten Versuch«, JZ 1997, 229 ff.

Küpper, Georg: Die Probleme des Mordtatbestandes als Folge der absoluten Strafdrohung, in: Festschrift für Martin Kriele, hrsg. von Ziemske, München 1997, S. 377.

Lackner, Karl / Kühl, Kristian: Strafgesetzbuch – Kommentar, 26. Aufl., München 2007.

Landau, Herbert: Ausgewählte neuere Entscheidungen des Bundesverfassungsgerichts zum Strafrecht und Strafverfahrensrecht, in: Festschrift zu Ehren des Strafrechtsausschusses der Bundesrechtsanwaltskammer, hrsg. von Beulke / Müller, Neuwied 2006, S. 201 ff.

Leipziger Kommentar zum Strafgesetzbuch: Band 1 (§§ 1–31), 12. Aufl., Berlin 2007; Band 5 (§§ 146–222), 11. Aufl., Berlin 2005.

Merkel, Reinhard: Früheuthanasie – Rechtsethische und strafrechtliche Grundlagen ärztlicher Entscheidungen über Leben und Tod in der Neonatalmedizin, Baden-Baden 2001.

Meyer-Goßner, Lutz: Strafprozessordnung – Mit Gerichtsverfassungsgesetz und Nebengesetzen, 51. Aufl., München 2008.

Mitsch, Wolfgang: Der »Kannibalen-Fall«, ZIS 2007, 197 ff.

ders.: Die Verfassungswidrigkeit des § 211 StGB, JZ 2008, 336 ff.

Momsen, Carsten / Jung, Caroline: Der »Kannibale von Rotenburg« – Ein vorläufiges Resümee, ZIS 2007, 162 ff.

Mosbacher, Andreas: Kant und der »Kannibale« – Die liberale Funktion des Vergeltungsgedankens, JfRuE 2006, S. 477 ff.

Münchener Kommentar zum Strafgesetzbuch: Band 1 (§§ 1–51 StGB), München 2003; Band 2/2 (§§ 80–184 f StGB), München 2005; Band 3 (§§ 185–262 StGB), München 2003.

Müssig, Bernd: Mord und Totschlag – Vorüberlegungen zu einem Differenzierungsansatz im Bereich des Tötungsunrechts, Köln – Berlin – München 2005.

Neumann, Ulfrid: Folgenorientierte versus schuldorientierte Strafzumessung, in: Rechtsbegründung – Rechtsbegründungen, hrsg. von Jung / Neumann, Baden-Baden 1999, S. 118 ff.

Niederschriften über die Sitzungen der Großen Strafrechtskommission, Band 7, Bonn 1959.

Nietzsche, Friedrich: Jenseits von Gut und Böse, Leipzig 1930 (Ausgabe: Alfred Kröner).

Noll, Peter: Diktate über Sterben und Tod, München 2002 (Ausgabe Knaur).

Nomos Kommentar Strafgesetzbuch: Band 1 (§§ 1–145d), 2. Aufl., Baden-Baden 2005; Band 2 (§§ 146–358), 2. Aufl., Baden-Baden 2005.

Otto, Harro: Neue Entwicklungen im Bereich der vorsätzlichen Tötungsdelikte, Jura 2003, 612 ff.

ders.: Anmerkung zu BGH, Urteil v. 25.3.2003 – 1 StR 483/02 (LG Hechingen), NStZ 2004, 142 ff.

ders.: Anmerkung zu BGHSt 50, 80 ff., JZ 2005, 799 f.

Park, Tido: Die prozessuale Verwertbarkeit verschiedener Formen der Beschuldigteneinlassung im Strafverfahren, StV 2001, 589 ff.

Rengier, Rudolf: Totschlag oder Mord und Freispruch aussichtslos? – Zur Tötung von (schlafenden) Familientyrannen, NStZ 2004, 240 ff.

ders.: Strafrecht Besonderer Teil II, 10. Aufl., München 2009.

Rogall, Klaus: Der Beschuldigte als Beweismittel gegen sich selbst, Berlin 1977.

Roxin, Claus: Strafrecht Allgemeiner Teil, Band I, 4. Aufl., München 2006.

Sachs, Michael (Hrsg.): Grundgesetz – Kommentar, 5. Aufl., München 2009.

Scharnweber, Hans-Uwe: Darf § 216 StGB nur Tätern mit ausschließlich »hehren« Motiven zuerkannt werden?, Kriminalistik 2006, 549 ff.

Scheinfeld, Jörg: Der Tatbegriff des § 24 StGB, Holzkirchen / Obb. 2005.

ders.: Das »Bestimmt-worden-Sein« in § 216 I StGB – Zugleich zum Bestimmen in § 26 StGB, GA 2007, 695 ff.

Schiemann, Anja: Mord oder Totschlag? – Kannibalismus und die Grenzen des Strafrechts, NJW 2005, 2350 ff.

Schlehofer, Horst: Täterschaftliches Begehen einer vorsätzlichen Straftat (§ 25 StGB), noch unveröffentlicht.

Schmidt-Bleibtreu, Bruno / Hoffmann, Hans / Brockmeyer, Hans Bernhard: Grundgesetz, 11. Aufl., Köln – München 2008.

Schöch, Heinz: Strafrechtliche Aspekte der Tötungskriminalität, in: Tötungsdelikte, hrsg. von Egg, Wiesbaden 2002, S. 71 ff.

Schönke, Adolf / Schröder, Horst: Strafgesetzbuch, 27. Aufl., München 2006.

Seier, Jürgen: »Diebstahl im Doppelpack«, JA 1999, 666 ff.

Simon, Eric: Anmerkung zu BVerfG, Beschluss vom 1. 9. 2008 – 2 BvR 2238/07, NStZ 2009, 84 f.

Sowada, Christoph: Zur Strafbarkeit wegen Mordes bei strafvereitelungsfremdem Verdeckungszweck, JZ 2000, 1035 ff.

Stampf, Günter: Interview mit einem Kannibalen, 2. Aufl., Wolfenbüttel 2007.

Streng, Franz: Strafrechtliche Sanktionen – Die Strafzumessung und ihre Grundlagen, 2. Aufl., Stuttgart 2002.

Systematischer Kommentar zum Strafgesetzbuch: Band II (Vor § 201 – § 266), München – Unterschleißheim 2007.

Wessels, Johannes / Beulke, Werner: Strafrecht Allgemeiner Teil, 38. Aufl., Heidelberg 2008.

Wessels, Johannes / Hettinger, Michael: Strafrecht Besonderer Teil 1, 32. Aufl., Heidelberg 2008.

Sachverzeichnis